たったひと手間で心からよろこばれる

ENCYCLOPEDIA OF CARE AND HOSPITALITY

大人の気くばり事典

鈴木美貴
MIKI SUZUKI

SOGO HOREI Publishing Co., Ltd.

はじめに

　気くばりとは、おもてなしの気持ちだと私は思っています。そして「大人の気くばり」とは、あくまでもさり気ないもの。やりすぎたり、見返りを求めたりするのではなく、自然とその場が心地よく、ふんわりと柔らかな気持ちになる行為だと思っています。

　おもてなしの気持ちですから、勉強したり、何かを覚えたりすることはありません。ほんのちょっとしたひと手間と気づき、行動で相手や周囲が心地よく幸せな気分になっていくものなのです。誰でもすぐにできて、みんながほっこり嬉しくなる、自分も嬉しくなる、それが「大人の気くばり」です。
　さり気なく自然にできるそんな気くばりは、「この場を心地よくしよう」と意識するところからスタートします。
　人に心地よくなってもらうことを考えると、ワクワクしませんか。どうしたら、この場を心地よくできるのでしょうか。そのテクニックを本書では、400以上も紹介しています。家庭で、職場で、街中で、いろいろなところでぜひ、お試しいただいて、自分のものにしてみてください。

　テクニックと言いましたが、何かの技ではありません。おもてなしや思いやりの気持ちの延長が、気くばりです。みな

さんが持っているあたたかい心にほんのちょっと気づきをプラスした、みんなが喜ぶひと手間です。本書がみなさんの幸せの一助となれば幸いです。

鈴木美貴

登場人物紹介

気くばりの神さま

本書の使い方

本書は、みんなが喜ぶさり気ない「大人の気くばり」のテクニックを紹介しています。どんな状況、シチュエーションでも自然とできる、ちょっとした手間で相手も自分もみんなが幸せになるさりげないテクニックをぜひ身につけてください。

① シーン・所作
気くばりするシーン、場所などにわけて紹介。知りたいシチュエーションがすぐに探せます。

② 手順、心構え
気くばりするときの気持ち、また場所、シーンを示しています。

③ テクニック・フレーズ
すぐにできるちょっとした気くばりのひと手間、また口にする言葉などを紹介しています。

④ ポイント・解説
気くばりのテクニックの解説、それを行うポイントや考え方などを、注意点を紹介しています。

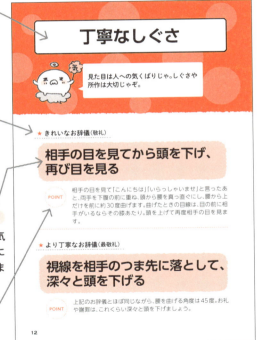

はじめに ……………………………… 2
本書の使い方 ………………………… 4

第1章 迎える・会う・送り出す 気くばり

丁寧なしぐさ ………………………… 12
挨拶 …………………………………… 15
出かける準備 ………………………… 19
待ち合わせ …………………………… 22
訪問する ……………………………… 24
迎える ………………………………… 27
名刺の交換 …………………………… 30
お見送り ……………………………… 33
エレベーターにて …………………… 35

第2章
助ける・手伝う気くばり

仕事の場面 …………………………………… 38

上司・部下との接し方 ……………………… 42

仕事を頼む・頼まれる ……………………… 45

周囲を見て …………………………………… 48

失敗・ミスを目にしたら …………………… 50

ねぎらう ……………………………………… 52

はげます ……………………………………… 54

そっとする・やり過ぎない ………………… 56

雑用・後始末 ………………………………… 58

第3章
伝える気くばり

LINE ……………………………… 62
eメール ………………………… 64
電話 ……………………………… 69
お礼状・手紙 …………………… 73
会話 ……………………………… 77
人前で話す ……………………… 86
お願いするとき ………………… 89
断る ……………………………… 94
ほめる・ほめられる …………… 99
謝る ……………………………… 104
声をかける・伝える …………… 110
叱る・叱られる ………………… 115
感謝する ………………………… 119

第4章
和ませる気くばり

お酒の席 …………………………………… 126

接待 ………………………………………… 131

食事・集まり ……………………………… 134

タクシー …………………………………… 142

プレゼント・贈り物 ……………………… 144

お土産 ……………………………………… 146

贈り物をいただく ………………………… 149

第5章

相手を立てる 気くばり

振る舞い ······························· 152

教えてもらったら ··················· 158

お金のやりとり ······················ 160

目上の人を立てる ··················· 164

相手を立てる ························· 167

おわりに ······························· 172

装丁　西垂水敦・遠藤瞳(krran)
本文デザイン・イラスト　和全(Studio Wazen)
DTP　横内俊彦
校正　池田研一

第1章
迎える・会う・送り出す気くばり

丁寧なしぐさ

見た目は人への気くばりじゃ。しぐさや所作は大切じゃぞ。

★ きれいなお辞儀（敬礼）

相手の目を見てから頭を下げ、再び目を見る

相手の目を見て「こんにちは」「いらっしゃいませ」と言ったあと、両手を下腹の前に重ね、頭から腰を真っ直ぐにし、前に約30度曲げます。曲げたときの目線は、目の前に相手がいるならその膝あたり。頭を上げて再度相手の目を見ます。

★ より丁寧なお辞儀（最敬礼）

視線を相手のつま先に落として、深々と頭を下げる

上記のお辞儀とほぼ同じながら、腰を曲げる角度は45度。お礼や謝罪は、これくらい深々と頭を下げましょう。

★ 軽いお辞儀（会釈）

相手のお腹あたりに視線を置きながら軽く頭を下げる

 最初に「こんにちは」など言ってから、頭から腰を真っ直ぐにし、腰から上だけを前に約15度曲げます。

★ 振り向くとき

足を一歩引いて体ごと振り向く

POINT 顔だけ振り向くと軽い印象になります。丁寧に振り向くときは、足を引いて腰と肩をクルッと回す感じで、体全体で振り向きます。

★ 物を渡すとき①

両手が基本

 物の受け渡しはできるかぎり両手で行いましょう。片手で持てる小さなものでも、両方の手を添えると丁寧な印象になります。

第1章 迎える・会う・送り出す 気くばり

★ 物を渡すとき②

指先をそろえる

POINT　手元はよく見られます。物を人に渡すときはもちろん、スマホを触る動作なども指先がそろっていると上品な印象を与えます。

★ 資料を渡すとき

資料をお腹のあたりに引き寄せてから両手で渡す

POINT　ありがちな見苦しい渡し方が、背中を丸め、首を前に出して資料を手渡しする姿勢。それを避けるためには、いったん資料をお腹のあたりに引いてから、一拍置いて「どうぞ」と渡しましょう。

★ 物を拾うとき

腰を落として拾う

POINT　落ちている物のそばに行き、腰を落として(膝を曲げて)拾います。腰を曲げて手だけで拾うのは横着に見えるのでNG。また、とくに女性は意識的に足(膝)を閉じましょう。

挨拶

相手の心を開くのが挨拶。コミュニケーションの基本じゃ。気持ちのいい挨拶は人を明るくするぞ。

★ 人に会ったとき

自分から先に挨拶する

POINT　気くばりの利いた挨拶とは、自分から先に挨拶する、つまり自分から先に声をかけるということです。相手の挨拶に対して返すのは「返事」です。自分から「おはようございます」「こんにちは」と爽やかに挨拶していきましょう。

★ 挨拶のあと一言加える①

相手の体調や状況を聞いてみる

POINT　周りの人のことを普段から観察できているなら、たとえば「おはよう」の挨拶のあとに、「体調、大丈夫？」「今日は忙しそうですね？」などと一言添えてみましょう。そのほんの一言で「気にかけてくれている」と安心感を与えることができます。

★ 挨拶のあと一言加える②

相手の変化について話す

POINT　挨拶のあとに、相手のその日の服装（色なども）や持ち物などをほめたり、「(新しい)髪型がよくお似合いですね」と一言添えましょう。気づいたら一言添える程度で大丈夫。言われると意外と嬉しいものなのです。

★ 挨拶のあと一言加える③

季節に合わせた声かけフレーズ

POINT　「花粉症つらそうですね」「今日は風が冷たかったですね」など、挨拶のあとに一言添えられる季節のフレーズを持っておきましょう。お互い時間があれば、そこから会話につながり、コミュニケーションできます。

★ 朝の挨拶のとき

「おはよう」と声をかける

POINT　朝、家族と顔を合わせるときや、職場に着いたときなどに必ず「おはようございます」と挨拶をしましょう。このタイミングで挨拶を交わさないと、1日中（またはそれ以上）コミュニケーションしない相手がいるようになってしまったりします。

★ 挨拶の効果

挨拶すると話しやすくなる

POINT　挨拶を常にしていると、挨拶を交わす相手と話しやすくなります。相手との距離が縮まり、人間関係が良好になるのです。朝や帰りはもちろん、出かけるとき、すれ違うときなども挨拶を心がけましょう。

★ 挨拶のタイミング

相手の姿が見えたら挨拶する

POINT　相手と距離が離れている場合、相手の姿が見えたら自分から先に挨拶しましょう（会釈や手を振るのでも構いません）。なぜなら、相手も同じように離れたところから自分が見えているもので、お互い近づいてからでは気まずい印象になるからです。

★ 挨拶の表情

いつでも、誰にでも、笑顔で挨拶する

POINT　無表情や怪訝な顔で挨拶すると、せっかくの挨拶も相手に心配や不快感を与えます。挨拶はコミュニケーションの大切な第一歩。どんなときも誰にでも、笑顔で挨拶するようにしましょう。

第1章　迎える・会う・送り出す　気くばり

★ オフィスでの挨拶①（廊下の場合）

立ち止まって会釈

会釈だけの挨拶をする場合も多いでしょうが、会釈でも立ち止まってするのであれば丁寧な挨拶になります。その際は廊下の端によけて道を譲り、会釈しましょう。

★ オフィスでの挨拶②（階段の場合）

高いところから挨拶はしない

自分が高いところにいる場合、低いところにいる相手に先に声をかけるのはいいですが、そのあと、自分が降りるか、相手が上がってくるのを待ち、同じ高さになってから再び挨拶しましょう。

★ オフィスでの挨拶③（仕事の場合）

いったん作業の手を止めて挨拶に応える

作業中でも、できれば手を止めて挨拶を。また、「いってきます」と外出する人には「いってらっしゃい」、「ただいま」と帰ってきた人には「お帰りなさい」「お疲れさまです」と挨拶で応えましょう。

出かける準備

これから行く先を考えて用意をするのじゃ。会う相手のことも考えよう。

★ 身だしなみの効果

出かける前に鏡の前でチェック

POINT　身だしなみを整えることは、相手に不潔な印象を与えないための最低限の気くばりです。ボサボサの髪やヨレヨレの服はもっての他。また、外目にはメンタルの状態が表れると言われています。身だしなみがだらしないと人に不安を与えてしまいます。

★ 女性の身だしなみ

アクセサリーをひとつ身につけましょう

POINT　アクセサリーには、顔の印象を明るくしたり、女性らしく見せたりできるという効果があり、これから会う人への身だしなみ（心づかい）として身につけていくべきです。数多くではなく、ポイントとして取り入れましょう。

★ プレゼントをもらった人に会うとき

もらったプレゼントを身につける

 以前にアクセサリーなどを贈ってくれた人に会うときには、そのいただいた物を身につけるようにしましょう。「ありがたく使っていますよ」という感謝も伝わり、相手も喜ぶとともに、「気に入ってくれている」と思い、安心するでしょう。

★ パーティーに出かけるとき

主役より控えめな服装を選ぶ

 誕生日会などの祝いの場では、その主役を引き立たせるべく、控えめな装いにしましょう。ただ、地味すぎると暗い印象になってしまうので、女性の場合は、バックなどの小物やアクセサリーのひとつにビビッドな色味を加えてみましょう。

★ 人に会うときの香り

香水はつけない

 香りには好き嫌いがあるので「無臭」が一番の気づかいになります。ただ「石鹸の香り」は清潔感があり、印象は悪くありません。ハンカチで包んだ石鹸をタンスやクローゼットに入れておけば、自然に石鹸の香りをまとうことができます。

★ 持っていくと重宝するもの①

ストールやカーディガンを常備する

POINT　春や秋。それに、映画館や電車、また、屋外と屋内で気温差があるところなどでは、1枚羽織れるものがあると便利です。寒がっている様子を周囲に見せると、余計な気をつかわせてしまいます。また、一緒に出かけている人にも使ってもらえます。

★ 持っていくと重宝するもの②

ハンカチを余分に持っておく

POINT　一緒に出掛けた相手が衣服を汚してしまったり、また（映画など見て）涙が止まらなくなったりしたときにハンカチをサッと渡せるとスマートです。余分な枚数を持っていれば、渡された側も余計な気づかいもせずに済みます。

★ 故郷の人を訪ねるとき

手土産を持っていく

POINT　久しぶりに帰省したときの挨拶回りなどは儀礼的で行きづらいものです。そこで手土産などがあれば訪ねる理由もでき、また「物」を添えることで、家族がお世話になっていることへの感謝の気持ちを伝えやすくなります。

第1章　迎える・会う・送り出す　気くばり

待ち合わせ

心地よく待てるところがいいぞ。約束に遅れることは厳禁じゃ。

★ 待ち合わせ場所を決めるとき

駅の改札はNG。書店やカフェで

POINT　待ち合わせ場所としてよく指定されるのが駅の改札付近。場所はわかりやすいものの、人通りが多い上に立って待たなければならず、ストレスを感じます。「暇がつぶせる」「屋内」「迷わない」を基準に考えると、書店やカフェなどがオススメです。

★ 相手が先に着いていたとき

集合時間前であっても「お待たせしました」の一言を

POINT　集合時間前に着いたとしても、相手が先に着いて待っていた場合は、待っていてくれたことに対して感謝の気持ちを伝えましょう。相手が目上の人の場合は、小走りし、待たせてしまって申し訳ないという気持ちを示しましょう。

★ 自分が先に着いたとき

飲み物の注文は、相手が来てから

POINT カフェや喫茶店で待ち合わせをするとき、お店や待つ相手との親密度にもよりますが、飲み物を先に頼んで相手を待つことは基本的に控えましょう。相手が来てから一緒に頼むほうが、相手は快く思うものです。

★ 待ち合わせで厳守すること

遅刻は避ける

POINT 「人をハラハラさせないこと」は、気くばりの重要なポイントです。絶対に遅れずに到着することは当然です。案件や場所によっては、かなり早くから集合場所に到着して準備しましょう。

★ 待ち合わせに遅れる場合は

お詫びとともに随時状況報告を

遅れてしまう場合は、そのお詫びはもちろん、「先に行ってください」など相手が次の行動に移れる一言を伝えましょう。相手の時間を無駄にしないための配慮です。また自分の到着予定時刻や、「今、〇〇にいます」など、状況も連絡しましょう。

第1章 迎える・会う・送り出す 気くばり

訪問する

個人宅、取引先の会社など行く先で準備も変わるのじゃ。

★ お宅に訪問するとき①

約束の5分遅れで到着する

個人宅の場合、来客用の準備が必要な場合が多いので、約束の時間より前に着くのは避けましょう。ほんの少し遅く訪問するのが気くばりになります。

★ お宅に訪問するとき②

脱ぎやすい靴で行く

お座敷での食事会や友人宅での集まりなど、靴を脱ぐ可能性があるときには、脱ぎやすい靴を履いて行きましょう。複数人が靴を着脱するとき、時間をかけてしまうとみんなが靴を履きづらくなってしまいます。

★ お宅に訪問するとき③

素足はやめる

POINT　靴下を履かずに素足で自宅を訪問されると、人によっては不快に感じる人もいます。スリッパがあればいいですが、フローリングに足跡がペタペタとなりかねません。うっかり素足であがることになった場合は「素足で失礼します」の一言を。

★ お宅に訪問するとき④

ピチピチの服は避ける

POINT　和室に通される場合もあるかもしれません。その場合、正座のしにくいピチピチの服を着ていると困ることになるので、事前に考慮した服装で訪問するようにしましょう。

★ お宅を訪問したら

インテリアや窓からの風景をほめる

POINT　とくに初めて訪問するときには、家の中のことはもちろん外観も含め、「いいな」と思ったポイントを、素直に「素敵です」とほめましょう。迎え入れてくれた相手に安心してもらうことができます。

第1章　迎える・会う・送り出す　気くばり

★ 会社を訪問するとき

約束の10分前には到着する

POINT 相手の会社の前、またはそのすぐ近くに約束の10分前には着き、コートなどを脱いで身だしなみをチェックしましょう。受付には早すぎてもギリギリでも心象が悪いので、約束の2〜3分前に申し出るタイミングがベターです。

★ お茶を出されたとき

すすめられてから飲む

POINT 会社を訪問する場合、先方のスタッフにすすめられる通りに、部屋に入り、席につきます。お茶を出された場合、すすめられるまでは飲みませんが、すすめてもらえないときは「いただきます」と一言添えてから飲みましょう。

★ 辞去を切り出すとき

訪問した側から辞去を伝える

POINT 迎えた側は基本的に「帰って」とは言いませんから、訪問した側が帰ることを切り出します。仕事で商談を終えて帰る際などには「また連絡いたします」など次につながる言葉で締めくくりましょう。

迎える

心地よく過ごしてもらえるように整理整頓、準備をして迎えよう。

★ 人を迎える準備①

清潔感と整理整頓を基準に掃除する

 家庭でもオフィスでも、「清潔感」と「整理整頓」が居心地を左右します。来客前に、入り口から部屋などをその基準でチェックして、必要があれば掃除と整理を行いましょう。

★ 人を迎える準備②

水まわりを清潔にする

 トイレや洗面所は念入りに掃除しておきましょう。とくにトイレは、汚れやすく不快な場所だということを誰もがわかっているので念入りに。タオルが濡れていたり、髪の毛がちょっと落ちているだけでも悪印象を与えてしまうことがあります。

★ 人を迎える準備③

天候に合わせて備品を用意する

スリッパなどを準備するほか、雨の日は、傘立てに折りたたみ傘用のS字フック（100円ショップで購入可能）を準備。入り口には、濡れた物を拭くためのタオルを用意します。寒い日はひざかけをリビングのイスなどにかけておきましょう。

★ 人を迎える準備④

道案内にも気をくばる

初めて訪問してもらう人、久しぶりに訪問してもらう人には、事前に道案内をしましょう。その際、相手がその道を通ることを想定しながら、たとえば、雨が降ったら地下通路が便利だといったような情報を一緒に伝えておきましょう。

★ お客様を迎えるとき

扉の斜め前に立って迎える

扉の正面に立って迎えると、お客さまの目先に立ちはだかり、進路を塞いでしまうことになります。入り口の正面には立たずに、斜め前に立って迎えるようにしましょう。

★ 迎え入れるとき

お客様の半歩前を進むようにする

POINT 廊下ではお客さまの半歩先を歩き、階段は一歩先を進み案内します。エレベーターはドアを開けて先に入ってもらいます。部屋に案内するときはノックしてからドアを開け、「どうぞ、お入りください」と一言添えて先に入ってもらい席に促します。

★ 迎え入れたら①

飲み物と空調に気をくばる

POINT 天候に合わせて飲みものを用意しておき、お客さまが席についたらすぐ出せるようにしておきます。日ごろから来客用のカップなどは準備を。空調（温度調節）や換気は、相手の様子を見てこまめに対応します。飲み物のおかわりにも注意しましょう。

★ 迎え入れたら②

お客様にさり気なく室温の質問をする

POINT たとえばお客さまを部屋に招き入れる際に「暑くないですか」などとさり気なく聞き、「部屋の温度を下げましょうか」と提案してみましょう。お客さまの感覚がわかり、飲み物や空調の温度設定などもお客様に合わせることができます。

第1章　迎える・会う・送り出す　気くばり

名刺の交換

相手の名前、会社などしっかり確認しよう。名刺には話のネタになることも書かれていたりするぞ。

★ 名刺交換の所作①

自分の名刺を相手の名刺より下に差し出す

POINT　相手が名刺を差し出した瞬間に、その下に自分の名刺をサッと出します。変にへりくだらず、当然のことのようにできると、「礼儀正しい」印象を相手に与えます。

★ 名刺交換の所作②

名刺は両手で扱う

POINT　名刺を受け取るときは、相手よりも後に両手で受け取りましょう。その際、会社名や名前が指で隠れないようにします。受け取った名刺は座席順に並べ、もっとも上役の人の名刺を自分の名刺入れの上に乗せます。

★ 名刺交換したあと①

相手の名前、会社の住所などから軽く質問をする

名刺交換後、そそくさと本題の話を始める前に、相手の会社の場所がどんなところかや、名前についての感想などを話します。少し雑談的な話をすることで、場が和み、その後の本題がスムーズに進みます。

★ 名刺交換したあと②

「お名前の由来は何ですか？」と尋ねる

「あなたに興味があります」と言い換えられるような質問です。誰でも興味があると言われれば悪い気は起きません。相手を気持ちよくさせるテクニックでもあります。

★ 相手の名前が読みにくいときの一言

「何とお読みすればよろしいですか？」と聞く

「変わったお名前ですね」というと不快な思いや誤解を招く恐れがあります。これは禁句。名刺にフリガナがなければ「何とお読みすればよろしいですか？」と必ず聞きましょう。そして「素敵なお名前ですね」と一言添えれば、快い会話になります。

第1章 迎える・会う・送り出す 気くばり

★ シンプルな名前のときの一言

「クラシックな雰囲気が素敵ですね」と誉める

相手の名前がシンプルな場合、伝統的、クラシカル、格調高いというような言葉で感想を伝えると、自分では平凡な名前と思っている相手でも悪い気はしません。逆によくぞそんな感想を言ってくれたと、感心してくれるかもしれません。

★ 個性的な名前のときの一言

「センス抜群のご両親ですね！」と持ち上げる

名前の主に対するほめ言葉はよく言われるところですが、名付けた人のセンスをほめる人はあまりいないでしょう。うまく名前をほめて相手を気持ちよくさせるテクニックです。

★ 珍しい漢字の名前のときの一言

「この漢字のお名前は初めて見ました！」と軽く驚く

自分が「知らない」ということを「初めて」と変えることによって、相手に自分は他にはない存在だと、ちょっとした特別感を感じさせる効果があります。

お見送り

別れ際までしっかりおもてなしする気持ちで相手を見送ろう。

★ お客様を見送るとき①

忘れ物がないか確認する

POINT

お客様が帰る際、部屋を出る際などに「お忘れ物はありませんか？」と一言確認しましょう。また周囲を見渡して、何か落ちているものがないかなど、お客様が出てしまう前にもう一度チェックしましょう。

★ お客様を見送るとき②

玄関の靴はそろえておく

POINT

個人宅など玄関で靴を脱ぐ場所の場合、お客様が帰るまでに靴を外側（出口側）に向けてそろえて置くようにしましょう。主賓がわかれば、その靴を真ん中の一番手前に置きます。スムーズに靴を履けるようにしておくのです。

★ 天候が怪しいとき

返却不要の傘を用意しておく

POINT　お客様や友人が来たときは曇りだったのに帰るときに雨になってしまった。そんなときを想定して、ビニール傘など返す必要のない安い傘を用意しておきましょう。相手も気軽に好意に甘えることができます。

★ 玄関の外で見送るとき

相手が見えなくなるまで見送る

POINT　訪問してくれた相手は、姿が見えなくなるまで見送るようにしましょう。エレベーターの扉が閉じるまで、帰路を歩いて見えなくなるまで、車や電車が発車して乗り物が見えなくなるまで、見送りましょう。

★ 玄関先で見送るとき

玄関の鍵をすぐに閉めない

POINT　玄関先で見送る際、挨拶してドアを締めたら、鍵は数秒間を空けてから閉めましょう。鍵の「カチャッ」という音は意外に大きく、いきなり閉められると、帰る相手はその音に拒否されたような気分になるからです。

エレベーターにて

いろいろな人と狭い空間で一緒になるところ。お互い気持ちよく使いたいところじゃ。

★ エレベーターに案内するとき

先に乗りお客様を誘導する

POINT　この場合、案内者が「お先に失礼します」と言って先に乗り、ボタン操作などをしてお客様を乗せます。誰か乗っている場合はお客様を先に乗せ、案内者は後から乗り、降りる階で先に降りてお客様が降りるのを待ちます。

★ エレベーター内の沈黙が気になるとき

天気や季節の話をお客様にする

POINT　お客様と2人きりなら、当たり障りのない天気や季節についての話をします。乗っている時間は短いので、すぐに終わる話でOKです。

★ エレベーターに乗るとき

軽く会釈をする

POINT　エレベーターに乗るときに人がいたら軽く会釈をしましょう。自分が先に乗っている場合は乗ってきた人に対して軽く会釈を。それだけで、雰囲気が和らぎます。

★ エレベーターに人が乗ってきたとき

「何階ですか？」と声をかける

POINT　自分が先にエレベーターに乗っているとき、途中で誰かが乗ってきたら、積極的に「何階ですか？」と聞いてボタンを操作してあげましょう。あたたかい雰囲気になります。

★ エレベーターから降りるとき

降りながら「閉」ボタンを押す

POINT　「お先に」という気持ちで軽く会釈して降りましょう。その際、「閉」ボタンを押しながら降りるようにします。閉まる時間を短くしようという心づかいです。ドアが動作しない場合も多いようですが、押すようにしましょう。

第2章

助ける・手伝う 気くばり

仕事の場面

ビジネスシーンでは問題が起きやすい。上司や同僚を気くばりでサポートしていくのじゃ。

★ 仲間の作業が遅れているとき

「お手伝いします」と申し出る

POINT　誰でも苦手な作業や分野があるものです。苦手だから遅れているのに「まだですか？」と聞くと、やる気をなくしてしまいます。「何かできることあれば……」と申し出て、サポートするようにしましょう。

★ 上司が作業する人を募っているとき

進んで引き受ける

POINT　進んで「やります」と言ってくれる人がいれば、上司は誰かに作業を押しつけずに済むので、気が楽になります。周囲の人も嫌々ながら働く姿を見なくてよいので、職場の雰囲気もよくなります。

★ 言いにくいことがあるとき

代わりに伝えてあげる、伝えてもらう

POINT 仕事をしている中では、立場上、どうしても言いにくいことが出てくるものです。そんなとき、角が立たない第三者が入ると収まることがあります。その場面に第三者として遭遇したら、間に入る気くばりを心がけましょう。

★ 板挟みにあったとき

お互いの妥協点を見つける

POINT まず双方の妥協点を見つけて、「あなたの主張（妥協点）をねじ込んできましたよ」と双方に同じことを言います。そして交換条件を切り出すのです。どちらの顔も立てる気づかいで、板挟みの状況を打破できます。

★ 上司や同僚に書類や本を渡すとき①

該当箇所に付箋をする

POINT チェックしてほしい場所をわかりやすくして渡すと、相手は探す手間や時間が省けます。ほんの小さな気くばりですが、効果は大きいです。

第2章 助ける・手伝う　気くばり

★ 上司や同僚に書類や本を渡すとき②

付箋や一筆箋を添える

単なる書類のやりとりに、付箋や一筆箋で手書きのメッセージを入れると人間味が加わります。付箋などはデザインも豊富なので、相手に合わせて用意してもいいかもしれません。

★ 上司や同僚に書類や本を渡すとき③

何か小物をプレゼントする

飴やちょっとした一口サイズのお菓子、栄養ドリンク、マスクなどプチギフト(安価なもの)を添えてみましょう。相手の状況に合わせてアイテムを選ぶと、さらに喜ばれます。

★ 人が作成した資料の不備を見つけたとき

頼まれなくても修正してあげる

資料を作った人には嫌味にならないように「ちょっと修正しました」と伝えます。「頼まれてもいないのに勝手なことをしてもいいのだろうか」と考えずに、気づいたらやってあげましょう。

★ 会議で発言ができないとき

とにかく相づち&リアクション

POINT 会議の場では、自分が発言できなくても、誰かが発言したときには「いいですね！」「なるほど！」と相づちを打ち、リアクションしましょう。しっかり参加意識を持ってその場にいることが他の参加者への気くばりといえるのです。

★ 自分の席で上司に呼ばれたとき

丁寧に椅子を収めて上司のところへ行く

POINT 上司に呼ばれて席を立ち、サッと上司のところに行ったまでは良くても、椅子がその場でくるくる回り、通行の邪魔になっているようでは気くばりが足りません。細かな所作に気をつけることは、周りへの配慮と同じことです。

★ スケジュールのバッティングを避けたいとき

自分の予定を周囲に知らせる

POINT 仕事をしている人同士の段取りは、それぞれ密接に関与し合うものです。人の予定の変更は自分の仕事の予定に影響し、自分が予定を変更すれば、周囲の人の予定が狂う場合もあります。自分の予定を常にオープンにすることも周囲への配慮です。

第2章 助ける・手伝う 気くばり

上司・部下との接し方

いろいろなタイプの上司・部下がおる。それぞれに合わせて気づかいしたいものじゃ。

★ エリート意識の強い上司への接し方

何事にも論理やデータを添える

POINT　上司との会話では、感覚的な表現ではなく、裏付けとなる論理やデータを添えて、根拠のある事象についての会話を心がけましょう。数字や理論を少し用いるだけでも、会話の雰囲気がよくなります。

★ 叩き上げの上司への接し方

やる気を見せて上司も乗せる

POINT　データを検証してから動くのではなく、先に動いて取り組んでいく姿を見せると、叩き上げの上司は喜びを感じます。失敗を恐れずチャレンジしようとすると、一緒に盛り上がってくれるので、日々アイデアを出すようにしましょう。

★ プライドが高い上司への接し方

ひとまず持ち上げる

POINT たとえ仕事ができない上司でも、そのプライドを損ねないようにすることが大切です。基本的には従順な態度で接して、上司が気にする「他人からの評価」に目を光らせながら、随時それを報告することに気をくばりましょう。

★ 友だち感覚の上司への接し方

「話せるヤツ」であることをアピールする

POINT 友だち感覚の関係性を求める上司の場合、懐に飛び込んでくる部下や「こいつ話せるヤツだな」と思った部下は気に入られる傾向があります。上手に甘えるように接することで、お互い居心地のいい関係に発展していきます。

★ エリート意識の強い部下の接し方

プライドをくすぐる

POINT 頭ごなしの命令では動かない部下は、プライドをくすぐる一言を入れて、気持ちよく仕事をしてもらうように気をつかいましょう。もともと頭が切れる高学歴に多いタイプです。

★ 自信が持てない部下への接し方

まずほめる

 たとえ叱るとしても、まず部下のいいところをほめてから注意するように気をつかいましょう。また、他人の前では叱らないように気をつけましょう。

★ 感情の起伏が激しい部下への接し方

最初に叱り、後でおだてる

 子どものように感情の起伏が激しい部下は、最初にガツンと叱っておいて、最後に「あなたは本当はできる人なのに」と、おだててやる気を出させましょう。

★ できるのに意欲がない部下への接し方

大切にしている思いを聞いてあげる

 仕事上、何にモチベーションを持っているのかを聞き、その部分を改善できるように一緒に考えてあげましょう。「集中して仕事に取り組みたいのに、できない」という部下には、席位置の変更や集中タイムの導入を考えるのもいいでしょう。

仕事を頼む・頼まれる

仕事がデキる人には仕事が集中しやすい。頼まれるのは、仕事ができる証拠じゃぞ。

★ 仕事を頼まれたとき①

快く引き受ける

POINT　たとえば、帰り際に上司から仕事を頼まれて、ごねたり、ぐずぐずしたりしてなかなか手をつけない人がいます。結局やらざるを得ないので、そんなときは快く引き受けるようにしましょう。

★ 仕事を頼まれたとき②

スピードを優先する

POINT　仕事の締切が1週間後の場合、1週間かけて完璧にしようとするのと3日でどうにかできたものなら、3日のほうが評価されます。1週間で完璧にやれたと思っても、周りが完璧と認めなければ独りよがりになり、結局、締切も守れません。

★ 仕事を頼まれたとき③

相手の優先順位を理解して取り組む

POINT　仕事においては、常に相手のスケジュールを考慮して段取りしましょう。相手の仕事の優先順位を理解するということです。自分が依頼したい仕事の重要度を伝えつつ、相手の中で何番目の優先度なのかを配慮しましょう。

★ 仕事を頼まれたとき④

「あれ、どうなった？」と言わせない

POINT　仕事を頼まれたときは、「いつまでですか？」とまず確認しましょう。相手の中で、この仕事はどのくらい重要なのかを尋ねるという配慮でもあります。言われた期限は守ることが原則ですが、自分の優先順位の中で難しい場合は、早めの相談を。

★ 仕事を頼むとき①

「なぜ」「いつまで」をセットに依頼する

POINT　相手が忙しそうだからと遠慮したり、こんなことを頼んで気を悪くしないかと気を揉んだりすることが配慮ではありません。仕事を頼むときは、相手にその仕事の緊急性・重要性を理解してもらえる理由を付け加えるように。

★ 仕事を頼むとき②

相手のリズムを理解する

他人を観察していると、その人の仕事のリズムがわかってくるものです。「あの人は朝が苦手だから、昼以降に頼むと引き受けてもらいやすい」というように、相手のリズムに合わせて仕事を調整すれば、互いに気持ちよくスムーズに仕事が進みます。

★ 仕事を頼むとき③

「お願いできますか？」と相手の状況をまず聞く

仕事を頼むとき「お願いします」ではなく「お願いできますか？」と、相手に許可を乞う言い方をしてみましょう。相手に判断を委ねるのです。そんな気くばりがあれば、相手も「それなら引き受けるか」とやってくれるでしょう。

★ 仕事を頼むとき④

前倒しでスケジュールを伝える

POINT

余裕を持って仕事を渡せるように、「この仕事は、この日までに○○さんに渡す」と自ら期限を切ります。誰に言われるでもなく自分で期限を設定し、それを守ることができる人は「気の利く人」と周囲に思われるでしょう。

第2章 助ける・手伝う 気くばり

周囲を見て

日ごろから周りに目配せしておくのじゃ。困っている人が意外に近くにいるもの。

★ カバンの中を探している人を見つけたとき

日用品、文具などを余分に持っておく

POINT 「ボールペンを忘れた……」「ハンカチがない……」などと困るシーンは日常よくあります。そんなとき、「これをどうぞ」と渡せる人になれたらいいですよね。そのために、文具や日用品を少し余分に備えておきましょう。

★ 困っている相手のニーズがわからないとき

とにかく「できることはありますか？」と声をかける

POINT 人が何か困っていそうなとき、何をしてあげればいいのかわからなくても、とにかく「何かできることはありますか？」と聞いてみましょう。相手に「必要ない」と言われても、「では、何かあれば声をかけください」と言えばいいのです。

★ 困っている人を見かけたとき

覚悟を持って「大丈夫ですか？」と声をかける

POINT 街中で倒れている人を目にしても「大丈夫ですか？」と声もかけずに通り過ぎる人は多いものです。そんなとき、「大丈夫？」と声をかけられる気概のある人は、人からも気にされ、いざという時に人に救われます。

★ 相手が不機嫌に見えるとき

タイミングを見てさり気なく気分を聞いてみる

POINT 仕事を手伝ってもらおうとしたけれど、不機嫌そうなので今日はやめておこうというのも、ひとつの気くばりです。ただ、実際には不機嫌ではなかったという場合もあり、タイミングをみてさりげなく声をかけてみるという方法もあります。

★ 相手にものをすすめるとき

「もしよろしければ」と添える

POINT 「もしよろしければ」の一言があると、相手は「断る余地」ができ、気持ちに余裕が生まれます。相手に何かをすすめるときは、プレッシャーを与えない気くばりが大事です。すすめる側も断られる覚悟ができるので、お互い気楽に考えられます。

第2章　助ける・手伝う　気くばり

失敗・ミスを目にしたら

人間、誰しも失敗はするもの。周りのフォローや気配りが大切じゃ。

★ 一緒にいる人が失言したとき

「なかったこと」にする

POINT　失言は、ほとんどが「うっかり」です。相手の失言はできるだけ気づかないふりをしましょう。話が続いているときは先を促します。いきなり話題を変えるとわざとらしいので、自然に会話を続けて失言をなかったことにしましょう。

★ 相手が目の前で失敗したとき

ユーモアでフォローする

POINT　食事の席で相手が皿を割ってしまった。そんなとき、「気にしないでくださいね」と言っても、すぐに切り替えられる人はいないでしょう。ユーモアの力を借りて、「1枚が2枚に増えたからいいことありますね」などとフォローしてあげましょう。

★ 同僚や仲間が怒られているとき

見て見ぬフリをする

POINT 同僚や仲間の面目がつぶれるようなことは、見て見ぬふりをしてあげるべきです。何かフォローするにしても、少し時間をおいてからにしましょう。見ないふりが相手のためです。

★ 人の失敗を見たとき

吹聴してはいけない

POINT よく「ライバルを蹴落とすために、ライバルの失敗を吹聴する」と言われますが、これは効果的なやり方ではありません。ミスは誰しも必ずするもので、「そのミスからどう立ち直るか」を周囲は見て評価します。

★ 目の前で咄嗟のミスや失敗を見たとき

助けに入る

POINT 目の前で人が何かにぶつかったり、何かを壊したり、落としたりしてしまったら、すぐに手を差し伸べるようにしましょう。会議などで発言がおかしくなっている同僚がいたら、修正するように合図を送ったり、とにかく助けましょう。

第2章 助ける・手伝う 気くばり

ねぎらう

一生懸命働いている姿をみると、感謝と優しい声をかけたくなるものじゃ。

★ 相手をねぎらうとき

苦労話を聞き、共感してあげる

POINT 「共感」は、とくに女性同士では人間関係の距離が縮まるポイントです。「大変だった」「苦労した」体験を共有した相手とは、打ち解けやすくなります。そんな心づかいで相手をねぎらえば、きっと喜ばれるでしょう。

★ 同僚や部下が頼んだ仕事を仕上げてくれたとき

「助かりました」「よくやってくれた」とねぎらう

POINT 誰もが心の深いところで「いたわってほしい」「ねぎらってほしい」と思っているものです。自分がやった仕事、その労力を評価してほしい、認めてほしいと常に感じています。そんな思いをくんだ言葉をかけられれば、特別な気くばりになるでしょう。

★ 残業している仲間に声をかけるとき

「〇〇さん、無理しないでください」とねぎらう

 POINT　ねぎらうときに「お疲れさま」だけでなく、相手の名前をしっかり呼びます。「無理しないで」「いつもがんばっているね」という言葉を添えれば、相手は嬉しいだけでなく、「自分を見てくれている人がいる」と安心するでしょう。

★ 差し入れをするとき①

高価なものではなく、ちょっとしたものを用意する

 POINT　「ねぎらう」「いたわる」という気持ちを示すのに有効なのが「もので示す」方法です。ちょっとしたおやつやご当地土産など、ささやかな品を差し入れ、ねぎらいの一言を添えれば、職場の雰囲気はパーッと明るくなるでしょう。

★ 差し入れをするとき②

少しの手間をかける

 POINT　人間には「好意の返報性」という心理があり、先に好意を示すと、相手は「何かあったら、〇〇さんにお返ししよう」と考えてくれることがあります。差し入れが喜ばれるのは、「買ってきた」という手間ひまをかけたことを感じてくれるからです。

はげます

落ち込んでしまう人にも気くばりで立ち直るきっかけを与えたいものじゃ。

★ 落ち込んでいる人へ声をかけるとき

「私はあなたの味方です」と声をかける

POINT 大きなミスをしたり、上司に叱られて落ち込んでいるとき、人は自分を否定し、孤独感を感じています。励ますというのはなかなか難しいものですが、「あなたは孤独ではない、私は味方です」というメッセージだけは伝わるように話しましょう。

★ プライドが高い人が落ち込んでいるとき

「あなたらしくない」と明るく声をかける

POINT 怒られたこと以上にミスした自分を許せないのがプライドの高い人です。「らしくない」は、相手のプライドを尊重しながら、「大したミスではない」と遠回しに示唆する言い方です。

★ 気の弱い人が落ち込んでいるとき

「一緒にランチ行きませんか？」と声をかける

POINT　気の弱い人は、ミスや怒られたことに触れられたくないという気持ちが人一倍強いものです。そんな人には気の紛れるような提案をするのもいいでしょう。何か言いたいことがあったら聞いてあげようという、さり気ない気づかいも含まれています。

★ 尋常じゃないほど落ち込んでいる人を見かけたとき

軽く肩をポンとたたいてあげる

POINT　落ち込みから立ち直るきかっけは、人からの「言葉がけ」がほとんどですが、何も聞き入れてくれない場合、言葉がけに変わる形で気持ちを伝えるべきです。無理に声をかけず、いたわりの気持ちを態度で示しましょう。

★ 相手が話し始めたとき

話をすべてを聞いてあげる

POINT　とくに男性の場合は、相手の話を聞きながら、失敗やミスの原因を分析しようとしがちです。何か言いたい気持ちを抑えて、最後までただ話を聞いてあげましょう。相づちを打ったり、「そうだね〜」と共感してあげるとより効果的です。

第2章 助ける・手伝う　気くばり

そっとする・やり過ぎない

声をかけても受け付けないほど落ち込んでいる人は、そっと見守るべきじゃ。

★ 相手が落ち込んでいるとき

相手の様子を見て、すぐ近寄らない

POINT　相手が触れてほしくないこと、気にしていることにむやみに触れて慰めようとするのは気配りではありません。職場の後輩が上司に叱責されたあと、心配だからといきなり声をかけるのではなく、まず様子をみましょう。

★ 相手が悲しんでいるとき

しばらくそっとしておく

POINT　悲しいときに、気を紛らわすことができればいいのですが、それができなければ、独り悲しみにふけるほうが、逆に気持ちが休まるでしょう。周囲の人としては、一定の距離をおいて「当たらず障らず」フレキシブルに対応しましょう。

★ さりげない気くばり①

一方的に話さない

相手がそっとしてほしいと思っているときなど、懇切丁寧に説明しているつもりでも、相手は何も耳に入りません。逆に静かにしてほしいと思うくらいです。話を聞くことができているかどうか相手の様子をしっかり見ましょう。

★ さりげない気くばり②

長々と自慢話をしない

とくに初対面の相手に、話すことがないからと延々と自慢話をすることは避けましょう。逆に相手が気をつかって相づちを打ってくれたりしているかもしれません。

★ さりげない気くばり③

下手なお世辞で持ち上げない

よかれと思って言ったり、やったりしたことが、相手にとっては余計なお世話になる場合があります。お世辞を言うことに慣れていないなら、最初から言わないようにして、相手の良いところを見つけたら素直にほめるようにしましょう。

第2章 助ける・手伝う 気くばり

雑用・後始末

できれば率先してやるべきなのが、雑用やあと片づけ。周囲をサポートするために、気づいたら動くのじゃ。

★ 会議やイベントが終わったとき

終了後、身の回りから綺麗にしていく

POINT
まずは身の回りのゴミを拾ったり、誰かの忘れ物などのチェックをしていきましょう。会議やイベントに限らず、外食時など普段から帰り際に片づける習慣を身につけると、自然と後始末をするようになっていきます。

★ 職場での気配り①

進んで雑用をする

POINT
雑用をこなすには、身体と頭の俊敏さやとっさの判断力が必要です。自ら進んで苦労を惜しまず働けば、将来、役に立つだけでなく、周囲からかわいがってもらえます。もちろん、本来の業務を怠るようなことがあってはいけません。

★ 職場での気配り②

役割意識を捨てる

POINT 自分が担当している仕事をするのはもちろん、その役割意識を捨てて、自分が先に気づいたことは誰かの代わりにやったり、誰も手をつけていないものを見つけてサッと動いてもいいのです。すると上手な気くばりができます。

★ 職場での気配り③

コピーを使ったら設定を戻す

POINT 倍率や濃さを変えてコピーしたら、設定を元に戻しておきましょう。当たり前のことですが、元に戻さない人はかなりいるようです。自分以外の人が使うことをしっかりと意識するべきです。

★ 他所のお手洗いを利用したら

去り際に綺麗に整える

POINT お手洗いを清潔に保つのは掃除係の役目とは考えず、皆で使う場所は「お互いさま」の精神で協力してきれいに保つという心がけを持ちましょう。シンクについた汚れは流す、濡れたところを拭く。トイレットペーパーは補充しておきましょう。

第2章 助ける・手伝う 気くばり

59

★ 忙しく頭を使っているとき

頭を使っているときこそ雑用をする

POINT 雑用をするメリットに、忙しく頭を使っている合間に、まったく異なった仕事をすることによって、頭を休めると同時に自分を客観的に観察する機会にもなるということがあります。忙しくしている人にすすめてみるのもいいでしょう。

★ 仕事が八方ふさがりのとき

誰もやりたがらないことを進んでやってみる

POINT 誰もが尻込みすることを進んでしてみると、新たな道が開けてくることが多いと言われています。失敗しても大目に見られ、成功すれば評価はうなぎ上りです。まさにローリスク・ハイリターンです。

★ ものを借りて使ったとき

元通りに戻すのが原則

POINT 人のものを借りたり使ったりしたときは、元通りにして戻すのはもちろん、よりきれいにして返すのが礼儀です。ハンカチを借りたら洗濯し、アイロンをかけて返しましょう。

第3章

伝える
気くばり

LINE

すぐに人とつながる便利なLINE。だからこそ、自分勝手な使い方は迷惑になるのじゃ。

★ 送信するとき

相手が休んでいる曜日や時間などを考えて送信する

POINT　LINEはメッセージを送信すると相手のスマートフォン上に通知が出るため、相手の状況によっては迷惑をかけてしまうことがあります。深夜や休日など、時間を考えてから送信するようにしましょう。

★「既読スルー」にしたくないとき

ひとまずスタンプを送る

POINT　「既読スルー」は、相手の心証を悪くするので、なるべく避けるべきです。返事が面倒だったり送りたくなかったりしても、とりあえず「返事を待って」「後で返事します」といった意味のスタンプを送信しておきましょう。

★ 職場のLINEグループに送るとき

長文にしない（50文字以内）

POINT

とくにLINEを使い慣れていない中高年に多いのが、長文の業務連絡や指示を送ってしまうことです。読みづらく、不評を買ってしまいます。文章は簡潔に（50文字ほど、3行以内）して、長文はメールで送るようにしましょう。

★ 上司からスタンプが送られてきたとき

シンプルなスタンプで返す

POINT

業務連絡、意見交換などでLINEを使っている場合、上司と何度かやりとりすると、スタンプが送られてくる場合があると思います。その場合、ふざけ過ぎない程度のスタンプで返してあげれば、喜ばれます。

★ スタンプを使うとき

スタンプを使いすぎない

POINT

便利なスタンプですが、連打したり、タイミングを間違えると「文字を打つ手間を省いている」と思われ、相手は軽く扱われている印象をもってしまいます。基本は文字のみで返信し、タイミングを見てスタンプを使いましょう。

eメール

仕事ではみんなが使っているeメール。送り方の気くばり一つで相手の受け方が変わるのじゃ。

★ メールを受信したとき

その日のうちに返信する

POINT　受信したメールには、その日のうちに返信することを心がけましょう。「了解しました」など一言くらいでもかまいません。送られた側の確認や指示がなければ、送った側は判断や作業ができないかもしれません。

★ メールを送るとき①

件名に重要度と大まかな内容を表記する

POINT　件名の最初に「重要」とカッコで目立たせたり、★や◎、！ などの記号や感嘆符を前後に入れて重要度を表現します。件名自体は、メールの内容を一言に要約して「〇〇〇について」などと簡潔にするとわかりやすくなります。

★ メールを送るとき②

メール冒頭に挨拶と前回の話題を入れる

POINT　関係が続いている相手へのメールは、急に要件を切り出さず、「先日の〇〇はありがとうございました」と一言触れましょう。相手は「覚えていてくれたんだ」「こちらこそどうも」というあたたかい気持ちになって、残りの文を読んでくれます。

★ メールを送るとき③

件名の「Re:」を増やさない

POINT　メールのやりとりを重ねているうちに、気づけば件名が、「Re: Re: Re: Re:……」となっていたりします。最近のメーラーでは改善されている場合もありますが、Re:は1個までになるよう随時消していきましょう。

★ 読みやすいメールの文章

1行最大20文字程度で改行。意味のまとまりごとに1行空き

POINT　メールの本文は、意味のまとまりごとに1行空き（または2行空き）にすると読みやすくなります。また、用件だけではなく「ありがとうございました」「大変恐縮ですが」などの一言を添えて、気持ちを伝えるようにしましょう。

第3章　伝える　気くばり

★ 連絡事項を盛り込むとき

箇条書きを使う

 POINT　日時や待ち合わせ場所などの情報、簡潔に伝えたい要件などは、箇条書きにすると整理されて読みやすくなります。理解しやすく、必要事項を間違えないため、スムーズな情報共有になります。

★ メールの最後は人間味を

最後に労いの言葉を入れる

 POINT　用件を書いてメールを送るだけでは機械的で味気ないものになります。「ありがとう」「助かりました」など一言で十分なので、人間的な労いの言葉を添えて、メールを送るようにしましょう。

★ リマインドメールを送るとき①

催促にならないように気持ちを表す言葉を添える

 POINT　約束事の前日などにリマインドメールを送る際、ただ用件を伝えるだけだと催促している感じが出てしまいます。「お会いできるのを楽しみにしております」など気持ちを表す一言を添えると、気持ちが伝わり、催促している感じは薄まります。

★ リマインドメールを送るとき②

忘れているフリをして送る

POINT　日時の確認は相手を緊張させることもあります。「○○○は8日の木曜日でしたっけ？」などと自分が忘れたフリをして、相手に日時の確認メールを送るのもひとつのワザです。とぼけた感じでさらりと送ってみましょう。

★ メールでお礼するとき①

お礼メールはその日のうちに送る

POINT　誘っていただいたランチのお礼、ショッピングに同行していただいたお礼など、日中の出来事に対するお礼のメールを送る場合は、その日のうちに送信しておきましょう。相手が就寝する前に届いているのがベターです。

★ メールでお礼するとき②

夜の食事のお礼は翌朝一番に送る

POINT　目上の方にお酒の席に誘っていただいたときや接待など、夜の食事のお礼は、翌日の朝一で（出社後すぐ）お礼メールを送信しましょう。タイミングが遅いと、接待してくれた社外の相手などには不快に思われることもあります。

第3章　伝える　気くばり

★ メールでお礼するとき③

定型文に自分の言葉で＋αの工夫を

お礼のメールが定型文だけでは、もらった相手はがっかりするものです。例えば、相手が話したことへの感想、話の内容から今後どうするかについて、相手の同行者についてなどを定型文に書き加えると、好印象になります。

★ 複雑な内容の連絡をするとき

メールしたあとに電話で直接話す

長文メール、添付資料が多いメール、緊急などの重要なメールを送った後は、電話などでできるだけ直接相手に話すようにしましょう。相手が不在でも「メールをお送りしましたので、ご確認ください」と伝えるだけでも行っておきましょう。

★ 長期休暇などを一定期間知らせたいとき

メールの署名に入れてお知らせする

夏休みといった長期休暇など、改めて言わないけれどお知らせしたい決定事項の予定などは、その予定のひと月ほど前から署名欄の最初のところに入れておきましょう。メールでやりとりしている仕事仲間には、これで自然と予定が伝わります。

電話

気持ちよく電話でやりとりするためには、気くばりが必要じゃ。

★ 電話がかかってきたとき

3コール以内で取る

POINT　ビジネスの現場ではよく言われていることです。人は3コール以上になるとだんだん待たされている感覚になると言われています。3コール以上経って出た場合は「お待たせしました」とお詫びの言葉を言いましょう。

★ 着信表示を見たとき①

相手の名前を言いながら出る

POINT　電話の着信表示を見て、相手の名前がわかる場合は、「〇〇さん、こんにちは」「〇〇さんですね、お世話になっております」と、相手の名前＋挨拶の言葉を言って電話に出ましょう。名前を呼ばれると相手は喜んでくれます。

★ 着信表示を見たとき②

目上の人なら丁寧に出る

POINT　電話の着信表示を見て相手の名前がわかる場合、目上の人や付き合いが浅い人だったら名前は言わずに丁寧に電話に出ましょう。名前を言って電話に出るのは、カジュアルな印象なので、家族や親しい人のみにしておきましょう。

★ 電話で話しているとき

声に表情が出ないように注意

POINT　電話では、相手に顔が見えなくても声に表情が表れると言われます。言葉で丁寧に対応しても、姿勢や態度が悪いとそれが相手に伝わるのです。笑顔で対応すれば、明るくポジティブな印象になり、話す内容も前向きになります。

★ 信頼される電話でのやり取り

まず相手の都合を確認する

POINT　相手が電話に出たら、まずは「今、お電話よろしいでしょうか」「お時間よろしいでしょうか」と相手の都合を確認します。「忙しい時間の中電話に出ていただく」という意識をもてば、先方からの信頼も得やすくなります。

★ 保留するとき

30秒以内を目安に

待たされる立場になると、保留音を聞きながら待つ時間は実際よりも長く感じるものです。お待たせした場合は「大変お待たせしました」とまずお詫びを。30秒以上待たせてしまいそうなときは一度電話を切り、早くかけ直すなど対応しましょう。

★ 伝言メモを残すとき

7つのポイントを押さえて書く

①誰宛、②いつ（電話を受けた日時）、③誰から（電話相手）、④用件、⑤折り返し先の電話番号、⑥折り返しの要不要、⑦メモ作成者の名前、この7つの項目をメモして伝言宛の担当者の席に置きます。担当者が戻ったら口頭で伝えましょう。

★ クレーム電話を取ったとき

同調フレーズを言いながら、怒りが収まるのを待つ

「そうですね」「おっしゃるとおりでございます」と同調しつつ、謝るべきことは謝り、まず現状（事実）の確認をさせてほしいと伝えましょう。とにかく相手の話を聞く対応を。反論は厳禁です。

第3章 伝える 気くばり

★ 留守番電話にメッセージを残すとき

なるべく詳細なメッセージを残す

POINT 留守電に「またかけ直します」というメッセージを残すだけでは、せっかくメッセージを聞いてくれた人の時間を無駄にしてしまいます。後でかけ直すにしても、留守電には伝えたかった内容や指示を細かく残すようにしましょう。

★ 電話を切るとき①

前向きな言葉で締める

POINT 電話を切る前には「楽しみにしています」といった前向きな言葉を添えて締めましょう。定番の「よろしくお願いします」よりも明るい印象になります。この他「お話できてうれしかったです」「では、よい週末を」などもあります。

★ 電話を切るとき②

一呼吸おいてから優しく受話器を置く

POINT 「相手が切るまで切らない」が原則ですが、2秒ほど待っても相手が切らない場合は、空いている手でフックを優しく押してから受話器を静かに置きましょう。乱暴に切る「ガチャ切り」は与える印象が最悪です。絶対に避けましょう。

お礼状・手紙

手書きの手紙は本当に心が伝わるものじゃ。字に自信がなくても書いてみよう。

★ お礼状を出すとき①

手書きのお礼状は気持ちが伝わりやすい

POINT　お世話になった方やお祝いへのお礼など、しっかり感謝の気持ちを伝えたい場合は、手書きのお礼状を送ります。字が下手で自信がなくても、丁寧に気持ちを込めて書けば、お礼の気持ちが伝わります。それが手書きの効果です。

第3章　伝える　気くばり

★ お礼状を出すとき②

自分の言葉で伝える

POINT　感謝の気持ちを伝えるお礼状は、お悔やみなどに比べると少しくだけた文章でも大丈夫です。うれしかった気持ち、感謝の思いを自分の言葉で書いてみましょう。型にはまった文章、決まりきった文句では嘘っぽく感じられます。

★ 手書きする場合①

万年筆を使う

手書きの字に自信がなければ、万年筆をおすすめします。下手な字が味のある文字に変わります。もともと手書きに自信がある人が、カッコよくきれいな字を書くこともできます。インクの色を青系に変えると洗練された印象になります。

★ 手書きする場合②

年配の人向けには大きな字にする

細かい字、小さい字が苦手な年配の方に手紙を送る場合は、手紙全体として字の大きさを大きめにしましょう。また、筆圧も強めで、濃い文字を書くように心がけましょう。

★ 印字された手紙を送るとき

手書きの文章を添える

「よろしくお願いします」という一言だけでも、ちょっと空いているスペースに手書きで入れるだけで、読む人の心が動きます。手書きの字には、人の温もりや気持ちを伝える力があります。きれいな文字でなくても丁寧に書けば大丈夫です。

★ 旅行に行ったとき

旅先から手紙を出す

「旅行先でも自分のことを考えてくれたのか」と感じてもらえます。現地の絵はがきを使えば、旅先からの手紙という非日常感も演出でき、印象深くなります。海外から出す場合は、距離の長さが特別感を与えます。

★ 手紙に切手を貼るとき①

特殊な切手は意外と喜ばれる

期間限定のものやキャラもの、ご当地切手など特殊な切手は種類が多く見た目もおもしろいので、そんな切手が貼ってある手紙やハガキが届くと受け取った側は喜んでくれます。お礼の思いや気づかいも伝わります。

★ 手紙に切手を貼るとき②

相手の趣味や好みに合わせた切手を貼る

季節やイベントなどの記念、好きなキャラクターなど、送る相手の好みを知ったうえで切手を探したりストックしたりしておきましょう。また、少額の切手を何枚も組み合わせて貼ると、見た目もおもしろい印象の手紙になります。

★ 手紙に切手を貼るとき③

切手のまわりに一言書き添える

 POINT　切手のそばに手書きの文字や模様などを書き入れると、手紙の雰囲気が変わります。切手のデザインに合わせた模様や、切手のキャラが話しているようにメッセージを入れるだけで、おもしろい手紙・ハガキの印象になります。

★ ちょっとスペシャルな日には

電報を送る

 POINT　一生に一度の晴れの日や出産などのお祝い、また遠方に住む両親や祖父母の誕生日など、お祝いに送られてうれしいものが電報です。いきなり届くのでサプライズ感もあります。

★ 印象深いお手紙を送りたいとき

柄物テープなどで「封」を

 POINT　正式な手紙では封をして「〆」などを書きますが、お礼状などでは個性を感じさせる柄物テープなどで封をすると、受け取った相手は楽しんでくれるでしょう。普段から文房具店などで探しておきましょう。

会話

相手との直接のコミュニケーションが会話じゃ。気くばりすることも多いぞ。

★ 相手と話すとき

目線を合わせる

POINT

上から下へ見下ろすように話すと、威圧感を与えてしまいます。話す相手が子どもならば権力を振りかざしているようなものです。そのときはしゃがむなどして相手の目線に合わせましょう。対等な関係になって話しやすくなります。

★ 話すとき、聞くとき

相手の目を見て話す・聞く

POINT

相手の目を見るということは「あなたに関心があります」ということを示し、相手も認められた安心感がわきます。ただ、ずっと見ているのではなく、最初と、話の内容のタイミングに合わせて「ここぞ」というときに目を見る程度で大丈夫です。

第3章 伝える 気くばり

77

★ 会話しやすくしたいとき

相手の名前をできるだけ口にする

POINT
名前を呼ぶことは、その人個人を尊重することにつながります。繰り返すことで、より親しくなりたいという思いが通じ、呼ばれたほうも親近感がさらにわきます。そして、心を開いてもらいやすくなります。

★ 相手が話しているとき①

知っている話でも耳を傾ける

POINT
知らないふりをするということではなく「すでに知っている」という反応をしないということです。相手の話す意欲をそいでしまう可能性があるので、相手の気持ちを考えて、興味があるという態度をとって気持ちよく語ってもらいましょう。

★ 相手が話しているとき②

一息つくまで話を聞く

POINT
誰かが案内や説明をしているときは、その人に説明する権利があります。話が一段落するまで待ちましょう。質問があれば、相手の話が終わってからにするべきです。

★ 話泥棒にならないために①

自分が話したいことは人の話の後で

POINT　誰かが話している話題を自分事にして返答してしまうことが多い人は、人望を失いかねません。話したくなったからといって話題をうばってしまったら他の人も白けてしまうでしょう。

★ 話泥棒にならないために②

目下の人の話こそしっかり耳を傾ける

POINT　聞いているようで聞いていないのが目下の人の話です。ともすれば話を遮って目上の人が自分の経験談や自慢話をひけらかし始めてしまいます。若い人や後輩の話を聞くことができる貴重な時間だと思い、耳を傾けてあげるのです。

★ 相手が沈黙してしまったとき

相手の言葉をじっと待つ

POINT　相手が答えに困ったり、考えていたりする場合、沈黙が嫌でも我慢してじっと待っていましょう。我慢してあげることによって、相手は自分の話を聞こうとして待ってくれている姿勢に喜びを感じます。焦らせないように優しく待ちましょう。

第3章　伝える　気くばり

★ 会話の空気が悪いとき

自分のことを話して、相手との共通点を探る

POINT　会話のネタが無かったりする場合は、ゆっくりと自分のことを話して、相手の反応を見てみましょう。黙っているよりは重い空気がまぎれるはずです。このように自分の話をして重い空気を軽くしていくのも気くばりです。

★ 会話に詰まったとき

相手が話したいことを引き出す

POINT　何か話そうと焦って、自分が何を話すかばかり考えるとさらに焦って空回りします。そんなときは、相手が話したいことは何かと考えて、軽く質問してみましょう。相手に応えてもらっているうちに会話のキャッチボールが続きます。

★ 誰からも好かれる話し方

専門用語は控える

POINT　IT用語、カタカナ言葉、若者言葉などわかる人にしかわからない言葉を口にし過ぎると、不愉快な思いを抱く人もいます。相手のことを理解した上でなら別ですが、誰にでもわかりやすい言葉で話すことは、会話における大切な気くばりです。

★ 会話を途切れさせない質問法

YES／NOの二択で答えられる質問をしない

POINT　HOW（どうやって、どのくらい）、WHY（なぜ）を尋ねる質問なら、回答は長くなります。相手の回答から次の会話へのヒントがいっそう見つかりやすくなるので、自然と会話も続きやすくなります。

★ 会話を続きやすくしたいとき

言葉のオウム返しをしてあげる

POINT　「今日は寒いですね」→「そうですね、寒いですね」と、相手の発した言葉を返すだけですが、相手に「あなたの話を聞いています」ということをダイレクトに伝えられ、お互いに話が通じていることがわかり合える会話テクニックです。

★ 目上の人と話すとき

質問で会話を切り出す

POINT　「わからないので教えてください」「もっと知りたいんです」というように、相手に頼る態度を示すと、相手も喜び、会話がスムーズになります。いくつになっても年下からの質問はうれしいものなのです。

第3章　伝える　気くばり

★ 話しづらい相手と話すとき

横並びのポジショニングで

真正面に座ると話しづらいものです。横に並ぶなど工夫しましょう。とくに話したくない内容であれば、オフィスの隅か廊下へ行き、場所を変えて、話をしましょう。

★ 簡潔に話したいとき

「結論」「話のテーマ」を先に伝える

最初に、話したい話の結論やテーマを伝えると、これから何についての話をされるのかがわかり、相手は安心します。込み入った話の場合は「大切なポイントは3つあります。1つ目は〜」など要点をまとめて順に話しましょう。

★ 会話中の嫌われるしぐさ

相手が話しているときに時計を見る

相手が話しているのに、時計を見て時間を気にするという行為は「早く話が終わらないかな」と思っていると受け取られ、相手に不愉快な印象を与えてします。

★ 意見が対立したとき①

まず全肯定。そして少しずつ自分の意見を主張する

POINT　相手が自分の意見と異なる場合、「それはいいですね！」とまず賛同すると、こちらを好意的に見てくれる土壌ができ、「もっとこうしては？」というこちらの意見を受け入れてくれやすくなります。相手のメンツをつぶさず、建設的な話が進みます。

★ 意見が対立したとき②

自分が先に少し引く

POINT　意見が対立して膠着状態になったら、相手よりも先に自分の条件を少しでも引きましょう。自分の意見を引くと、相手の譲歩を引き出す呼び水になります。

★ 相手が話しやすいうなずき

「小さなうなずき」2回、「大きなうなずき」1回をセットにする

POINT　うなずき方に変化をつけることで、「この人は私の話を聞いてくれている」「この人と話したい」と思ってもらえます。また、話すときは体を相手のほうに向け、相手の目を見ましょう

第3章　伝える　気くばり

★ 相手が話しやすい相づち①

「共感」を示す表情をする

POINT　明るい話題のときは、口を「イ」の形にして口角を上げて、笑顔を意識します。悲しい話題のときは、眉間にしわを寄せて首を10度くらい左右どちらかに傾けて、心配そうな表情を意識します。すると相手は話しやすくなります。

★ 相手が話しやすい相づち②

複数の相づちを使い分ける

POINT　明るい話題のときは「へえ〜」「ほぉ〜」「はぁ〜」と相づちを使い「感心している」ことを示しましょう。悪い話のときは「それはつらいですね」「信じられない」と共感の相づちをすると、相手は「わかってもらえた」と思い、心を開きやすくなります。

★ 相談をもちかけられたとき

立ち上がって応じる

POINT　座っているときに「相談があるのですが……」と相手がそばに来たら、スッと立って「どうしたのですか？」と相手と同じ視線になって問いかけましょう。真摯に相談を受け入れようとする姿勢を相手に示すことができます。

★ 何かを相談したとき

相談したらその後のことを報告する

仕事や個人的なことでも誰かに助言を求めたり相談したりした場合、相談を受けてくれた相手は努力して答えてくれたはず。相談だけで終わりにしては相手の努力を無下にするようなものです。お礼の意味でも、結果を報告しましょう。

★ 人と話しているときに携帯電話が鳴ったら

緊急時以外は切る

目の前で話している人と、そこに電話をかけてきた人、どちらと話す優先権があるかというと、緊急時以外は目の前の人です。かかってきた電話に対応すると、目の前の相手は軽んじられていると思う可能性もあります。

★ 会話が終わったとき

お礼を言う

話が終わるときには「楽しいお話をありがとうございます」「つらい話なのに、話してくれてありがとう」と一言添えます。この一言があると相手は「話してよかったな」と印象が大きく変わりますので、必ず伝えましょう。

人前で話す

多くの人がくる場所では、それぞれの人に気をくばることが大切じゃ

★ 祝辞を話すとき

会を率直に祝う気持ちを述べれば十分

POINT

人前なので何か気の利いたことを言おうとすると、つい話が長くなります。そうではなく、祝辞は要を得て簡潔がいちばんです。短く話そうとすると、ポイントを絞らざるをえず、自然に的を射た話になり、人に届く話になります。

★ 大勢の前で質問する場合

質問と称して自分の意見を言わない

POINT

講演会などでは、最後に講師と聴衆者との質疑応答が設けられていたりします。このとき、質問と称して自分の意見を長々と述べてしまう人がいますが、ルール違反であり、みんなの貴重な時間を奪っている行為になります。

★ パーティーなどで多くの人と話すとき

自分の挨拶時間を計算しておく

パーティーのような場では、ホストや自分以外の招待客がそれぞれより多くの人と挨拶し歓談したいと考えています。その場では、人と挨拶し話す時間をあらかじめ決め、次々と挨拶回りをしましょう。

★ 社交の場で会話するとき

言い争いになる話題は出さない

社交の場に集まった人たちと意見を交換することは必要で、それを楽しみに来ているお客さんもいます。ただし、意見を対立させたり、相手を論破したりするような話題や話し方はしないように配慮が必要です。

★ パーティーで見知った人を見かけたら

遠くからでも会釈を

大勢の中で知っている人を見かけたら、離れた場所からでも自分から会釈をしましょう。一方的で、相手の反応はなくてもいいのです。礼を尽くすという意味もあり、また、どこで見られているかもわからないものです

★ パーティー会場で一人でいる人がいたら

積極的に話しかけてOK

POINT

パーティー会場で1人でいる人は誰とも話したくないからではなく、話す相手がいないからです。ですので、ぜひ話しかけてあげましょう。それで不機嫌になったら相手のルール違反です。事情がないかぎり、嫌なら帰ればいいわけですから。

★ 立食パーティーでの気づかい①

食事ばかりとらない

POINT

立食パーティーは基本的に会話、コミュニケーションを楽しむことが目的の会です。話しかけることが苦手でも、気後れせず、人と目が合ったら軽く微笑んで会釈しながら近づき、声をかけたりしていきましょう。

★ 立食パーティーでの気づかい②

事前に軽く食事をしておく

POINT

立食パーティーでみっともない印象を与える行動が、食事を積極的にとること。そうならないためには、事前にお腹を満たしておくことです。食事に対する姿勢が落ち着いていれば、スマートな印象を与えます。

お願いするとき

お願いごとはちょっとした気くばりと一緒にするときいてもらいやすいぞ。

★ 相手にお願いするときのポジション

横から話しかける

POINT　人の正面はビジネススペース、横はプライベートスペースと言われています。正面から目を見てお願いすると、相手は仕事を命令されたと感じ、受け入れにくくなります。横から話しかけられると、親近感がわき、気楽に受け入れやすくなります。

★ ちょっとしたお願い事をするときの注意点①

期限を明確にする

POINT　お願い相手に遠慮して「お手すきの際にお願いします」と言ってしまうと、優先順位をつけづらく困らせることになります。お願いするときは「〇月〇日〇時までに」などと期限をはっきり伝えましょう。

第3章　伝える　気くばり

89

★ ちょっとしたお願い事をするときの注意点②

お願いした理由を添える

POINT　何かをお願いすることは、相手の時間をもらうことです。そこで、「あなたは〇〇が得意だから」などと理由を添えると喜んでくれる可能性があります。人は「あなたが頼り」と言われると悪い気はしないものだからです。

★ 複雑な頼み事をするとき

5W1Hを記載したメモといっしょに頼む

POINT　複雑なお願いは口頭のみの説明で済ませず、詳細を書いたメモや5W1Hを書いたメモ、参考資料などがあればそれも渡して相手にわかりやすく伝えることを心がけしましょう。

★ お願い事をきいてもらいやすくする①

初めに「お願いがあるのですが」など一言添える

POINT　唐突なお願いの仕方は、失礼な印象を与え、断られやすいです。親しい間柄でも最初にきちんとした一言を添えると場が改まります。人は礼儀を尽くして頼ってきた人には力を貸したくなります。

★ お願い事をきいてもらいやすくする②

自分ができない理由も説明する

POINT

頼む前に「まずは自分で」が基本です。それでもできないから人に頼むわけですが、相手からはその努力は見えづらいものです。そこで、自分の努力とできない理由を相手に伝えてみましょう。すると、引き受けてもらいやすくなります。

★ お願い事をきいてもらいやすくする③

断りやすい雰囲気をつくる

POINT

お願い事を断るのは負い目を感じてしまいます。そこで「無理なら遠慮なく言ってください」と相手が断りやすい雰囲気をつくってお願いしてみましょう。断られた場合は「またお願いします」など次につながる一言があれば相手も安心します。

★ お願い事をきいてもらいやすくする④

ちょっとしたプレゼントを用意する

POINT

少し無理そうなお願いや相手が頑張ってくれているときは、甘いものなどちょっとしたプレゼントを用意しておきましょう。高級品は相手へのプレッシャーになるので避けます。渡すときはさり気なく。

★ お願い事をきいてもらいやすくする⑤

事前に軽く予告しておく

POINT　お願い事は話を切り出すタイミングが案外難しいものです。そこでお願いしたい相手にSNSやメール、人づてなどで「頼みごとがある」ことを知らせておくのです。これで話が切り出しやすくなりますし、相手も受け入れやすくなったりします。

★ お願い事をきいてもらいやすくする⑥

日ごろから頼まれておく

POINT　困ったときに助けてもらえるように、日ごろからできるだけ人の助けに応えておきましょう。頼む側も頼まれる側も後ろめたさが多少減ります。また、日ごろの信頼関係の構築にもつながります。

★ お願い事をやってもらったら

結果をフィードバックする

POINT　お願いされたことを成し遂げたあとは、やり方やクオリティに問題がなかったかと心配になるものです。ですので、依頼者はそのあとどうだったかをお願いした人に報告すれば、引き受けた人も安心かつ達成感でうれしくなるものです。

★ お願いをメールでする場合①

お願いする側の都合ばかり書かない

 POINT 　「とにかく急ぎです。明日までにお願いします」という内容に終始した身勝手な印象を招く表現は避けましょう。もし書くことが思いつかないのなら、「なんなりとご質問ください」と入れて、相手の質問や都合を聞き出すようにしておきましょう。

★ お願いをメールでする場合②

件名でお願いの内容を表記する

 POINT 　「〇〇送付のお願い」「〇〇までに××部署に時間変更を通知するお願い」など、件名でお願いと、できれば期限までわかる内容にできると、相手に一目で理解してもらえて親切です。

★ お願いをメールでする場合③

複雑な依頼は電話などで説明

 POINT 　距離が遠い相手なら電話で、近いのであれば直接説明やフォローに出向くべきでしょう。複雑であったり、難しい内容のことはやはりメールだけでは説明が足りない場合が多いです。相手も安心するでしょう。

断る

せっかく頼んできたのだから、相手の気持ちをくんだ断り方が大切じゃ。

★ 相手に配慮した断り方①

「心苦しい思い」「断る理由」を伝える

POINT　断ることを悪いと思っていないような言動やはっきりしない態度は相手の気分を害します。心苦しく思っていることを伝え、理由を添えてはっきりと断りましょう。できれば、自分に頼もうとしてくれたことへの「感謝の気持ち」を伝えましょう。

★ 相手に配慮した断り方②

妥協案を示す

POINT　単純に断るだけでは、相手は突き放されたように感じてしまいます。「1時間後ならできます」「30分ほど遅れても大丈夫ですか？」など妥協案を示して、歩み寄る姿勢を見せましょう。

★ 相手に配慮した断り方③

次につながる一言を添えて

POINT　断るにしても、「今回はできないけど、次回ぜひ」「次はご一緒したい」「来月ならできますよ」と次につながるポジティブな一言を伝えましょう。依頼主も勇気を出してお願いしてきたかもしれません。断られて意気消沈させないための配慮です。

★ 相手に配慮した断り方④

できないときははっきりノーを伝える

POINT　「大丈夫だと思います」のように、「思います」という返事は、本当に大丈夫かわからず、依頼主を不安にさせるかもしれません。できないのであれば、はっきり伝えるという配慮もあります。

★ 相手に配慮した断り方⑤

「相手のため」と思って断る

POINT　自分の状況やスキルを考え、引き受けると結果として相手に迷惑がかかると考えたら、素直にその思いを話して断りましょう。

★ 相手に配慮した断り方⑥

頼んでくれたことに感謝してから断る

POINT　まず、自分に頼んでくれたことに対する気づかいの言葉を伝えます。相手は自分を信頼してくれて頼んできたはずです。その気持ちに対するお礼を最初に伝えましょう。

★ クラス会・親睦会の断り方

自慢気なことを理由に出さない

POINT　たとえ他の参加者より上流な生活をしていたとしても、生活レベルの違いを匂わせる嫌味になるような欠席理由は言わないほうが無難です。間違っても「大事なセレブとの会食があるため」などは禁句です。

★ ポジティブに断る

次につながる一言を添える

POINT　今回は行けないけれど、「来月なら参加できます」「今度は一緒に行きましょう」「また声をかけてください」と次につながる一言を添えて断ります。これなら、誘った側も前向きに不参加を受け入れてくれますし、また声をかけてくれるでしょう。

★ 相手が受け入れやすい断り方

クッション言葉を添える

POINT　「できません」といきなり拒絶するように断るのではなく、「あいにくですが、できません」「とても残念ですが、行けません」と断る言葉の前にいわゆるクッション言葉を入れると、断る気持ちも演出できて、相手も受け入れやすくなります。

★ 誘いを断った後の対応

断った会の内容を教えてもらう

POINT　会を誘ってくれた人に対して、欠席したけれどもその会に行きたかったことを伝え、後日、当日はどんな話題や出来事があったかを聞いてみましょう。さらに、行けなくて本当に残念だったと伝えれば、次の機会にまた誘ってもらえるでしょう。

★ 上手なお酒の断り方①

「お酒を飲めない体質なんです」

POINT　苦手なお酒を無理に飲むのは危険です。「体質が受け付けない」と言えばお酒をすすめられることもまずないでしょう。飲まないのではなく、飲めないことをアピールするのです。

★ 上手なお酒の断り方②

「お酒はダメだけど、雰囲気は好き」

お酒を断ると「じゃあ、なんで飲み会に来たんだ！」と言ってくる人もいます。そんな場合は明るく「飲み会の雰囲気が好きです」と言えば、納得してくれます。もちろん、酔わなくても、お酒が入った人たちの明るい雰囲気に乗っていきましょう。

★ 上手なお酒の断り方③

「私のぶんも飲んでください」

お酒を飲めない人がいると、飲める人も気兼ねして思いきり飲まない雰囲気になることもあります。そこで、気にせず飲んでほしいという意味で「私のぶんも〜」と宣言するのです。

★ 上手なお酒の断り方④

お店側に飲めないことを伝える

「どうしても飲め」と言われた場合、こっそり店員さんに「アルコール少な目」または「アルコール抜いて」と頼んでおきます。しっかり対応してくれるお店であれば、お酒ではない飲み物をお酒のように運び、渡してくれます。

ほめる・ほめられる

ほめることは相手を喜ばせる気くばりでもあるぞ。

★ 女性をほめるとき

普段の行動をよく見ながら、その都度ほめる

POINT

「コピーが早いですね」「気が利くね」「電話によく出てくれますね」など、日ごろのちょっとした成果を見逃さずにそのときにほめると女性は喜びます。タイミングを逃して後でほめると「そうかな〜」と素直に喜べません。心遣いが空振りします。

★ 男性をほめるとき

能力や強さをほめる

POINT

男性の脳は「狩猟本能」が強いと言われています。そのため獲物を捕まえるという「能力」や「強さ」、そして獲物を獲った「成果」をほめると喜びます。さらに、プライドをくすぐるように人前でほめるとうれしさがアップします。

★ 部下をほめるとき

大勢の前でほめる

POINT　上司は、部下のよかったところを多くの人に知らせ、より多くの賞賛を得られるように、大勢の前で部下をほめましょう。多くの人に認められると、嬉しさもより高まり、やる気も出るはずです。

★ 人が喜ぶほめ方

その人自身をほめる

POINT　人が喜ぶほめ方とは、物よりも相手の内面をほめること。たとえば相手が素敵なバッグをもっているとしたら、そのバッグをほめるのはもちろん、そのバッグを選んだ相手のセンスをほめるのです。ほめ方に気をつけると相手の喜びが増えます。

★ 相手が喜ぶほめ言葉の＋α

「さすが」とつけ加える

POINT　ほめ言葉に「さすが」とつけ加えると、「以前からあなたのことをすばらしいと思っていた」というニュアンスを表現できます。「あなたはやっぱりすごい」の「やっぱり」も意味は近いですが、「さすが」はこの一言でもほめ言葉として使えます。

★ 目上の人をほめるとき

自分と比較してほめる

目上の人をストレートにほめると腹黒い印象を与えてしまうこともあります。「自分の頭では、そこまで考えが及びません」など、自分を適度に下げると相手もほめ言葉を受け入れやすくなります。

★ ほめる絶好のタイミング

うれしい話題があったときは、その場でほめる

「後輩が初めて取引を成功させた」「子どもがテストで高得点をとった」などうれしいことがあったときは、忙しくても、すぐに大勢の人がいる前でほめると、みんなで喜びを分かち合え、ほめられた人の喜びも大きくなります。

★ 相手をもち上げたいとき

「プラスのイメージがある有名人」に似ているという

女性の場合は美人女優やモデル、男性の場合はビジネスやスポーツの分野などで活躍している人に似ているとほめます。相手は表面上は否定しても、内心はうれしいものです。わざとらしくならないように注意しましょう。

★ 相手との距離を縮めたいとき

さらりとほめる

POINT　ほめることは「あなたを認めています」「あなたに好意をもっています」というメッセージとも言えます。ほめられた相手もその気持ちはわかります。さらりとでもほめることで、お互いの仲が近づき、コミュニケーションがとりやすくなります。

★ ほめられたとき①

素直に「ありがとう」

POINT　照れ隠しに否定したり、謙遜したり、あまり反応しないのは、相手の好意をないがしろにする行為。相手はほめることによって喜ばせようと思っているので、ありがたく受けとるのが自然な反応です。

★ ほめられたとき②

お返しに相手をほめる

POINT　相手のどこか良いところをみつけて、ほめましょう。お互いの気持ちに良い刺激を与え合うことによって、人間関係が活発になります。

★ 人をほめるときのポイント①

性格

POINT　ほめる相手の内面、パーソナリティーを見ていきましょう。そして、「思いやりがあるね」「責任感ありますね」と、相手の誠実さや面倒見の良さなどをほめてあげるのです。

★ 人をほめるときのポイント②

見た目

POINT　相手の髪型や服装、服のセンス、アイテムなどを見ていきましょう。「かわいい」「おしゃれ」「とても似合っている」「清潔」などのキーワードでほめていきましょう。

★ 人をほめるときのポイント③

行動や仕事ぶり

POINT　相手の具体的なアクションによって生まれる成果を見ていきましょう。「あいさつ」「仕事が丁寧」「気が利く」「成果を上げている」などほめるポイントを注意しながら相手のアクションを見てみましょう。

謝る

謝り方に気をくばることで、お互い収まりやすくなるのじゃ。

★ 謝罪するとき

すぐに相手のもとに出向く

POINT　謝罪はスピードが命です。ミスなどが発覚したら、即座に謝りましょう。対面が基本ですが、難しいならメールで一報を入れ、あらためてアポを取って訪問します。謝るときは、潔く言い訳せずに。反省の気持ちが伝わりやすくなります。

★ 争いの後、こちらに非があったとき

とにかく先に謝る

POINT　意地を張って謝らないというのは、何の解決にもなりません。先に謝ると、意外と「私のほうこそ」とあとから相手が謝ることも多く、関係も修復されやすいです。先に謝ったほうが有利でもあります。

★ 誠意ある謝罪をしたいとき

「すみません」を使わない

便利な言葉なのでついつい言ってしまう「すみません」ですが、きちんと謝るときには弁解の余地はありませんという意味の「申し訳ありません」を使いましょう。とくに目上の人には「すみません」は軽く見られます。

★ 謝罪時の手土産を選ぶとき

老舗の和菓子を持っていく

謝罪のポイントは「見た目でも謝る」ことです。手土産もその一部。ふわふわしたカラフルなマシュマロやマカロンは、謝罪の手土産にふさわしくありません。ただし、事前の情報収集で相手がそのお菓子を好物にしている場合は除きます。

★ 訪問先で謝罪するとき①

立ったままで謝罪する

当事者に促されるまでは座らないことが基本です。荷物がある場合、手に持ったままで当事者を待っているべきです。勝手に座ると、事の重大さを理解していないと思われたり、謝罪の意思がないと思われたりしてしまいます。

第3章　伝える　気くばり

★ 訪問先で謝罪するとき②

最初に「申し訳ございません」と詫びる

POINT

相手に会ったらまず「この度は申し訳ありませんでした」と謝罪します。通常であれば挨拶や時間を取ってもらったことに対するお礼が先ですが、謝罪の場合は最初に伝えることで、申し訳ない気持ちが伝わりやすくなります。

★ 訪問先で謝罪するとき③

言い訳せず、相手の言うことに耳を傾ける

POINT

謝罪する側は相手の話を最後まで聞くようにします。途中で話したり、理由(言い訳)などは言いません。まずは相手の言い分をしっかり聞きます。

★ 訪問先で謝罪するとき④

勝手にメモなどはとらない

POINT

メモをとりたい場合は、勝手に書き始めたりせずに相手に「メモを控えてよろしいでしょうか？」と許可をとってからメモをとるようにします。

★ 訪問先で謝罪するとき⑤

解決策を3つ用意しておく

POINT　解決策が必要な場合は、複数用意しておきます。できれば3つ（それ以上あってもいいですが、多すぎると意味はない）ほど用意して、相手に決めてもらいましょう。

★ クレーム対応①

まず相手に落ち着いてもらう

POINT　こちらに落ち度はないのにクレームを言っているだけの場合もあるので、最初は相手に落ち着いてもらい、状況確認に集中します。むやみに謝らず「早急に原因を調べます」と相手には伝えておきます。

★ クレーム対応②

お金の話はしない

POINT　クレーム発生後、上司に報告し状況を確認します。もし相手が慰謝料を要求してきたりする場合、会社としての対応となるので、スタッフが勝手にお金の話をしないように。また、謝罪の場面でもお金の話はせず、後日に改めます。

★ クレーム対応③

会社の上役と対応する

POINT　お詫びする場合は、自分より身分が上の上司とともに先方へ出向きます。組織としてきちんと対応するという姿勢を示すことができます。

★ お詫びしたあと①

次に会ったときも再度謝る

POINT　謝罪後に相手に会ったときは、「先日は大変失礼いたしました」「この前はご迷惑をおかけしました」と、もう一度お詫びの気持ちを伝えましょう。何もなかったかのような対応は相手の心証を悪くします。謝罪後の対応で、相手の印象は変わります。

★ お詫びしたあと②

自分から声をかける

POINT　謝罪の後は、相手も気まずい思いをしています。自分からしっかりと謝罪して、相手もそれを受け入れてくれたら、気まずい雰囲気を長引かせないようにしましょう。「おはようございます」などと声をかけて、緊張を解きます。

★ お詫びしたあと③

途中と完了後など、こまめに報告する

トラブルの処理を完全に解決してからではなく、今の時点と解決後にわけるなどして、こまめに報告すると相手は安心しますし、誠意も感じてくれます。報告が遅いと二次クレームなどにつながるので注意しましょう。

★ お詫びされたとき①

「いえいえ、こちらこそ」と対応する

相手の謝罪に対して、こちら側も詫びるなど謙虚な姿勢の対応をすると、相手の肩の荷が下ります。ただ、お詫び合戦にならないように、お詫びが済んだら別の話題を出しましょう。

★ お詫びされたとき②

まずは静かに耳を傾ける

謝りに来た人の言葉を静かに聞き、その率直さを称賛して、今後に向けての激励の言葉をかけてあげれば、相手は二度と迷惑はかけまいと思うはずです。

声をかける・伝える

相手の様子に気をくばりながら声をかけていくのじゃ。

★ 忙しい上司（相手）に声をかけたいとき①

メモを書いて渡す

POINT　仕事で忙しい相手に声をかけたくてもなかなかかけられないときは、「○○の件で相談があります。10分ほどお時間いただけますか」などと書いたメモを渡しましょう。「失礼します」と言ってサッと渡します。

★ 忙しい上司（相手）に声をかけたいとき②

一息つくタイミングを見計らって声をかける

POINT　急いでいるときは思いきって声をかけてもいいですが、できれば、昼食の後や席で手を動かしていないときなどを見計らって声をかけましょう。

★ 声をかけるとき

相手の右側から声をかける

POINT　人は、心臓が左側にあるため自然と左側を守ろうとしています。逆に右側は警戒心が左より薄く、人を受け入れやすいのです。左側に来る人より右側に来る人のほうが印象もよくなるのだと言われています。

★ 仕事中に話しかけられたとき

「ちょっと待って」と言わず、「はい」と用件を聞く

POINT　「ちょっと待って」と言うと、自己中心的な人という印象を与えます。また、「待て」という対応は、瞬間的であってもコミュニケーションを拒否する態度です。相手の用件は、緊急性が高い場合もあります。忙しくても話を聞く姿勢を見せましょう。

★ 嫌いなことを伝えたいとき

「得意ではない」と言い換える

POINT　「嫌い」という表現は語気が強く、自分にそのつもりがなくても拒絶した印象を与えかねません。そこで「得意ではない」「苦手で」などと言い換えてみましょう。気持ちは通じつつニュートラルな印象を演出できます。

第3章　伝える　気くばり

★ 言いにくいことを伝えるとき

事前にひと声かけておく

POINT　人はいきなり物事を知らされるとショックを受けて、より大げさに考えたりしてしまいます。別れ、退職、または値上げや遅刻など言いにくいことは先に一言だけでも伝えておくと、いきなり言われるよりも落ち着いて聞くことができます。

★「報連相」で大切なこと①

連絡をこまめにする

POINT　気くばりの上手、下手の差は「連絡のマメさ」です。上司は常に「連絡なしに勝手に決めないで」と思っています。取引先の担当者は、「自分勝手に決めないでほしい」と思っています。小さなことでもこまめに連絡しましょう。

★「報連相」で大切なこと②

最初は嫌がられるくらい「報連相」を徹底する

POINT　最初は上司から「そんなことまでいちいち報告するな」と怒られるくらいまで報連相を徹底するべきです。上司というものは、現場情報に飢えていると言えます。細かく上司に伝える部下は、表面的に嫌がられても信頼されます。

★「報連相」で大切なこと③

部下には「ありがとう」と言う

報連相してきた部下に対して感謝すると、次から部下は報連相しやすくなります。「ちゃんと報連相しろ！」と怒鳴ると、部下は伝えなくなるものです。「ありがとう」と言うと、人望を集め、情報もますます集まります。

★ 報告・連絡するときの注意点①

「結論」から伝える

まず「報告（連絡）があります」と切り出し、結論から言いましょう。伝えるときは、「手短に」「話の内容がすぐにわかるように」を心がけます。ダラダラと話さず、短く簡潔に伝えることが大事です。

★ 報告・連絡するときの注意点②

「10分だけ」など時間を明確にする

連絡・報告は相手の手を止めさせて聞いてもらう、すなわち相手の時間をもらうことになるので、先に所要時間を明確にすることが気づかいと言えます。「10分」と言ったら、その時間を過ぎないようにしましょう。

第3章　伝える　気くばり

★ マイナスの報告をするとき①

とにかく早く報告する

事故やトラブルが起きたとき、上司は「どう対応するべきか」を考えなければいけません。対策や言い訳を考える前に、すぐに報告しましょう。その際は、結論→事実→意見(対応策の案など)の順番で伝えます。

★ マイナスの報告をするとき②

伝えるべき相手に直接伝える

悪いニュースは伝えること自体気が重く、伝わるスピードが遅くなりがちです。ただ、本当に早く伝えなければいけない重要な要素をはらんでいることが多いので、悪いニュースほど伝えるべき相手に直接、早く伝える努力をしましょう。

★ マイナスの報告をするとき③

伝えるべき相手以外には極力漏らさない

悪いニュースはあまり第三者に知られたくないものです。伝えるべき相手だけに直接伝えることを心がけましょう。伝言的に伝えてしまうと、第三者に広められたり、間違った話が広まってしまうことになるかもしれません。

叱る・叱られる

相手のプライドを傷つけないように気をくばりながら叱るのじゃ。

★ 叱るときに気をつけること①

感情的に叱らない

POINT 感情的に叱ったり、注意したりしても相手には響きません。相手に響いていない様子を見てさらにヒートアップすると、相手は引いてしまうだけです。叱るとき、注意するときは冷静にしましょう。

★ 叱るときに気をつけること②

人前では叱らない

POINT ミスの多い新人でもプライドを持って仕事をしています。その気持ちを傷つけないように、叱るときは個室で話し合い、具体的な対処法を探すことも大切です。

★ 叱るときに気をつけること③

他人と比べない

POINT 「あいつはできるのに、お前はできないのか！」と叱るのはＮＧです。例に出すなら叱っている自分の過去の失敗談などを出し、その後自分が行った対処法などを話しましょう。

★ 上手な叱り方①

短く叱る

POINT 叱るのは5分以内が目安です。長くなると説教じみて相手はうんざりするか、早く終わってほしいという気持ちで頭がいっぱいになり、反省などしなくなります。

★ 上手な叱り方②

一度にあれもこれもと叱らない

POINT 多くのことを叱っていくと、相手の気持ちが塞いでしまいます。回復の余地がないと思い込んでしまい、反省する気もなくなってしまいます。うまくまとめて1つにするか、1案件だけを叱るか、工夫しましょう。

★ 上手な叱り方③

ポジティブな言葉を入れる

ほめる→叱る→ほめる、のように組み立てると、相手は話を聞く余裕もでき、反省を次に生かすような前向きな気持ちになっていきます。叱るだけではなく、相手のいいところをすくい取って伝えていきましょう。

★ 上手な叱り方④

締めは前向きに

叱るときは「次は気を付ければ大丈夫だから」など、前向きな言葉で締めましょう。後日、相手に改善が見られたらほめることも忘れずにしましょう。

★ 叱ったあと

必ずフォローをする

見込みがあるから、わかってほしいという思いで叱るわけです。とくに激しく叱責したあとは相手をフォローすることが大切です。激しさは期待の大きさの表れと思ってもらうためです。

★ 上手な叱られ方①

弁解や責任転嫁はしない

POINT　叱られてうんざりしたり頭にきたりしても、冷静に考えれば自分が悪いこと。反省するべき点は心から反省し、くどくどと弁解したり、責任転嫁などしないように心がけましょう。

★ 上手な叱られ方②

睨み返したりしない

POINT　注意されたり、叱られたりするのは、成長してほしいと相手が願っているからです。それを謙虚に素直に聞くのが鉄則です。睨みつけたり、不満げな表情、態度はやめましょう。

★ 上手な叱られ方③

2度目はなしと心得る

POINT　とくにビジネスでは失敗を繰り返さないことが大切です。叱られた後は具体的に改善策を考えて、実行することが、信頼回復にもつながります。

感謝する

感謝の仕方に気をくばると、相手の気持ちがどんどん満たされていくぞ。

★ いただき物が届いたとき

即LINEかメールで感謝を伝える

POINT　贈り物などが手元に届いたら、本来はすぐにお礼状を書いて出せばいいのですが、その用意がない場合などは、とりいそぎLINEかメールで感謝の気持ちを伝え、改めてお礼状を書いて送りましょう。大切なことは時間を置かないことです。

★ 気づかいを感じたとき

とにかく「ありがとう」と伝える

POINT　慣れ親しんだ間柄だとわざわざ「ありがとう」と言わなくなりますが、ちょっとしたことでも「ありがとう」と口にするだけで、場の空気が和らぎます。

★ 感謝をより上手く伝える①

具体的に感謝する

POINT　ごちそうになったら「○○がおいしかったです」「△△を初めて食べられてうれしかったです」と一言付け加えてみましょう。相手が尽くしてくれたモノやコトの一つひとつに感謝をきちんと伝えることが、相手へのワンランク上の敬意となります。

★ 感謝をより上手く伝える②

感謝の理由を添えて伝える

POINT　「○○してくれてありがとう」と感謝の理由を添えて相手に伝えると、ただ「ありがとう」という感謝より、何に感謝したのか相手がよりわかりやすくなります。

★ 感謝をより上手く伝える③

感謝とともに質問してみる

POINT　手土産など何かもらったときは、感謝とともに土産の産地などの質問をしてみましょう。もらったものに興味を抱いていることが相手に伝わり、プレゼントしてよかったと思われます。

★ 感謝をより上手く伝えるしぐさ①

相手の目をやさしく見つめて感謝する

 にっこりと優しい表情で相手の目を見ながら「ありがとう」と伝えると、相手はより感謝の気持ちを大きく感じます

★ 感謝をより上手く伝えるしぐさ②

角度をつけてお辞儀しながら感謝する

 角度がつけばつくほど丁寧な感謝、お礼になります。丁寧にゆっくりと頭を下げてお辞儀しましょう。頭を下げたら「ありがとうございました」と心の中で言うくらいの時間下げたままにして、ゆっくりと頭を上げましょう。

★ 感謝をより上手く伝えるしぐさ③

胸元に手を当てながら感謝する

 手を胸元に当てながら「ありがとうございます」と伝えると、「とっても」「心から」「本当に」という特別な気持ちや印象を相手に与えることができます。

★ 気づかいながら感謝を伝える①

相手の行為に注目して感謝する

手土産をいただいたら「選ぶの大変だったでしょう」と伝えます。自分のために手間と時間を割いて選んでくれた、その行為に焦点を当て、「忙しい中ありがとう」と、感謝します。

★ 気づかいながら感謝を伝える②

借りたものを返すときにその感想などを添える

「本を貸してくれてありがとう。主人公に惚れちゃった」「〇〇のシーンで泣いてしまったよ」など、感想を添えると、相手も貸してよかったと思ってくれるでしょう。

★ 気づかいながら感謝を伝える③

「家族も喜んでいました」と第三者の感想を添える

本人以外からのコメントは、本当に貸したものやあげたものを使ってくれたんだなと思え、嘘のないリアルな感謝と感想として伝わります。

★ 気づかいながら感謝を伝える④

会話の最後にもう一度「ありがとう」を伝える

POINT　会話の最初と最後に「ありがとう」を言いましょう。最後に「ありがとう」を伝えると、感謝のイメージで話が締めくくられ、相手にもうれしい余韻が残ります。

★ 間接的に感謝を伝える

SNSなどで「素晴らしい」と投稿

POINT　何かをしてもらった本人に直接ではなくSNSなどで絶賛すると、より喜ばれることが多いです。共通の友人などに話すのも同じような効果が期待できます。

★ 手紙で感謝を伝える

お礼の手紙にイラストなど手書きの＋αを添える

POINT　お礼の手紙もいいですが、さらに小さな手書きイラストなど簡単な＋αをつけると、平凡な感謝で終わらない、より心のこもった感謝の気持ちが伝わります。

★ 何か教えてもらったとき

感謝とともに感想や結果も伝える

 POINT　何かをプレゼントしてくれたり、教えてくれたりした相手は、喜んでもらえたか不安なものです。その相手には感想はもちろん、どんな結果が得られたかまで伝えましょう。きっと喜んでくれるでしょう。

★ 感謝を表したいとき

感謝の言葉は惜しみなく発する

 POINT　「ありがとう」「素晴らしい」「どういたしまして」などの言葉が飛び交う職場は、ポジティブで居心地のいい空間になります。1人だけではなく皆で、言葉や行動で感謝を表していきましょう。

★ 気持ちのこもった感謝を伝えたいとき

相手の名前を添えて感謝する

 POINT　「〇〇さん、ありがとう」と名前を入れるだけでぐっと気持ちのこもった印象になります。名前を言われた相手は、ただ「ありがとう」と言われるよりも感謝された感覚が増します。

第4章

和ませる
気くばり

お酒の席

お酒に飲まれてはいけない。飲んで大いに楽しむのじゃ。

★ 酒席の店を選ぶとき

相手の好みをおさえておく

POINT
もてなす相手の好きなお酒の種類、好きな料理の傾向などを先に知っておきましょう。酒席の店選びがしっかりできると、大人の気くばりができると認められます。

★ お酒に誘われたとき

酔いすぎないようにする

POINT
お酒の集まりにもよりますが、泥酔はもってのほか。気くばりできる人は酔わずに、参加している人のことを見て、行動するものです。たとえ酔っても、意識はしっかり保てる範囲で飲みましょう。

★ 上司にお酒に誘われたとき①

積極的に参加する

POINT　上司から誘われることは決して悪いことではありません。誘うほうは誰でもいいわけではなく、あなたと行きたいと思って声をかけているはずです。誘われたら積極的に参加するべきです。

★ 上司にお酒に誘われたとき②

参加して聞き役に徹する

POINT　上司の自慢話など話がつまらないとしても、「なるほど」「すごいですね」などと相づちを打つだけでいいので聞き役になりましょう。酒に酔い、自分に酔っている人は、話の聞き手を求めているものなのです。

★ お酒のたしなみ３カ条①

悪酔いしない適量を知る

POINT　お酒を楽しむ上での最低限のマナーといえます。大人であれば自分の適量は知っているはず。それを超えないように飲みましょう。決して無理はしないように。

第4章　和ませる　気くばり

★ お酒のたしなみ3カ条②

会話をメインにして飲む

人と一緒に飲むときは、会話が「主」でお酒が「従」という関係を頭に入れておきましょう。アルコールが入って、より気持ちよく相手と会話ができる、そんなお酒でのコミュニケーションを楽しみましょう。

★ お酒のたしなみ3カ条③

愚痴はつつしんで楽しく飲む

お酒は大人の楽しみです。楽しい場を愚痴や不満のはけ口として利用しないように気をつけましょう。つい言いすぎてしまう可能性もあります。

★ お酌をするとき①

飲み物がグラスの3分の1まで減ったらお酌する

ビールや日本酒（お銚子）、ワインでも、グラスの3分の1まで減ったら、お酌するタイミングです。なお、いつまでお酌するのかについては、大体3回までが一般的です。

★ お酌をするとき②

基本は両手で瓶やボトルを持つ

POINT　瓶ビールは、右手を瓶の底、左手を瓶の首元に添えラベルが上に向くようにお酌します。日本酒（お銚子）は、中央を右手で持ち、左手を添えながら杯の8割まで注ぎます。ワインボトルは底のくぼみを持って注ぐのがマナーです。

 ★ お酌を受けるとき

両手でグラスを持って受ける

POINT　ワインを除き、テーブルにグラスを置いたまま受けるのはマナーとしてよくありません。基本的にグラスを両手で持って注いでもらいます。

 ★ 場を盛り上げたいとき

話をいろいろな人に振る

POINT　場が盛り上がらないのは、いろいろな発言が出ないから。または決まった人しか話さないからです。そんなときは黒子に徹して話を振っていくと、いろいろな話が出て、場が盛り上がります。

第4章　和ませる　気くばり

★ 体調を崩した人が出たとき

率先して介抱を

タオルやティッシュなど余分に用意し、体調が悪い相手に使いましょう。お店のスタッフをすぐに呼んで一緒に対応してもらうとともに、他の参加者とは距離を置いて、会の進行を妨げないようにします。

★ 楽しい集まりのあと①

途中まで一緒に帰ろうと申し出る

楽しい集まりのあとは、名残惜しい、去り難い気持ちになります。そういう気持ちを察して、会場近くの駅まで多少遠回りでも一緒に行ってくれる人がいれば、楽しい気持ちも長く続きます。

★ 楽しい集まりのあと②

「もう一軒！」と無理に付き合わせない

「もう一軒行こう」と提案するのはいいですが、みんなが帰ると言ったら引き止めず解散しましょう。しつこい人と思われてしまいます。

接待

大人の気くばり、おもてなしが試される大切なシーンじゃ。

★ 接待の店選び

相手の好みをリサーチして決める

POINT　相手の嫌いな食べ物はもちろん、好きな料理、お酒の好み、アレルギー、住んでいるエリアもリサーチしましょう。ストレートに「何がお好きですか？」と相手に聞いてもOKです。

★ 接待の日程

相手の都合で決める

POINT　もてなす相手のスケジュールに合わせて日程を決めます。相手と相談しながら候補日をいくつか挙げ、打診し、相手に決めてもらいます。

★ お店を決めるとき

1回は事前にお店に行く

大切なお客様を接待する場合などは、事前にお店に行きましょう。料理が出てくるスピードや、お酒の種類、トイレの雰囲気などもチェックしておきます。

★ 商談用のお店を決めるとき

個室のあるお店にする

最終的に商談にもっていきたい場合などは、予算をしっかり確保し、個室のあるお店で接待できればベターです。個室のある店を事前に探しておきましょう。

★ 接待されるとき

接待してくれる人より先に到着しない

遅れないというのは大原則ですが、厳格に守ろうとすると早くなりすぎたりします。接待をしてくれる相手は、当然早めに着いて手はずを整えているはずです。その準備を終える前にゲストが現れては、相手の心くばりに水をさすようなものです。

★ 接待するとき①

先に料理やお酒に手をつけない

 お客さま(取引先)をおもてなしするのが接待です。相手より先に料理などに手をつけるのはマナー違反です。

★ 接待をするとき②

上司が作る流れに沿う

 接待の場では、上役が相手をもてなすことが多いです。その場合、若手社員はサポート役に回ります。話も勝手に進めず上司が作る流れに従います。

★ 接待をするとき③

さりげなく支払っておく

 接待相手に見られないようなタイミングで、支払いは、早めに済ませておきましょう。万が一支払っているところを見られると、相手に少なからず気をつかわせることになります。

食事・集まり

楽しめる会になるために心くばりが重要じゃ。

★ 相手をごちそうするとき①

相手の好物を覚えておく

POINT　一緒に食事をしたことがある人の好物を覚えておいて、次に会ったときや食事をしたとき話題にすれば、「そこまで気を配ってくれているのか」と喜ばれます。普段から相手の観察を大切にしましょう。

★ 相手をごちそうするとき②

相手が食べられない物は事前に聞いておく

POINT　食事はみんなで楽しく囲んでこそ。宗教上の理由、アレルギーなどの体質の問題はもちろん、苦手なものはないか、食べられないものはないか、事前に聞いておくようにしましょう。直接聞けない場合は、相手を知る人にリサーチを。

★ 出欠の連絡をするとき

返事は早ければ早いほどよい

先の予定がわからないから返事ができない、ということもあるでしょうが、ぎりぎりまで留保するのは迷惑になります。また、「ほかに魅力的な誘いがあれば、そちらを優先しよう」ということの現れと受け取られることもあります。

★ 誘いを断ったとき

後日、どんな会だったか尋ねてみる

会が終わったあとに、声をかけてくれた人に、どんな会だったか聞いてみましょう。自分も行きたかった残念な気持ちをできるだけ強調します。すると、また似たような会があるときに声をかけてもらえます。

★ 会の席順を決めるとき

ゲストを良い席に座ってもらう

景色が良い店なら、窓際の景色がよく見える席が上席です。異なる椅子が置いてあるときは、座り心地のいいほうを。寡黙な人のそばに、話し上手な人に座ってもらったり、男女複数なら男女を交互にするなど、席順で会が盛り上がる工夫も。

★ 事前に料理を選ぶとき①

事前にその店の料理を食べておく

どんなメニューをどう出すかは、店に実際に行かないとわかりません。7人いるのに、一皿に盛ってある天ぷらの本数は6本だった……という場合、譲り合ったり分け合ったりしているうちに、雰囲気が悪くなってしまいます。

★ 事前に料理を選ぶとき②

無難な料理はイタリアン、フレンチ、和食のコース

とくに誰からも料理の指定がない場合、食べ慣れていない可能性のある料理を選ぶのはリスキーです。焼肉やカニなどはテーブルがせわしなくなるのが難点。取り分けて出してくれるイタリアンやフレンチ、和食のコースがおすすめです。

★ 料理を注文するとき

お店の人におすすめを3つ教えてもらう

初めてのお店で何を注文すればいいか迷ったときは、お店の人に「おすすめを3つ教えてください」と聞いてみましょう。3つだと注文する側も選びやすくなります。また一番人気は「定番」が集中しやすいため、おすすめは他にある可能性があります。

★ ごちそうになるとき

相手のおすすめを聞く

一番安い料理を頼むと、相手の好意に反することになります。レストランのスタッフにおすすめを聞く場合は、ごちそうになる相手を介して。スタッフは相手の予算を超えて高いものをおすすめする可能性があります。

★ 上司や目上の人をごちそうするとき

上司が普段は訪れないような安めの店を

間違っても上司が行きそうな店よりハイグレードな店には行ってはいけません。いつもおごってもらっているお返しをするだけで十分。上司をたまに誘うだけで、誠意は伝わるはずです。

★ 大勢で会食するとき

年長者が料理に箸をつけるまで待つ

複数の人が席にいる場合は、その中で一番の年長者が料理に手をつけてから、周りが食べ始めるというのが常識です。話が盛り上がったりしてなかなか食べ始めない場合は、あなたが料理を取り分けたりしましょう。

★ 人と食事するとき

自分の好みより若干薄味に

とくに塩や醤油の使い方に注意が必要です。大皿料理に、家で食べているように醤油をかけてしまったら、塩分を控えなくてはいけない人は食べられなくなります。どうしてもというなら、小皿にとって、調味料を使いましょう。

★ 外国の人と食べるとき

汁ものは和食であっても静かに

汁ものをすするのは、欧米などスープ類を静かに飲むことがマナーとされる国の人にとっては、下品なことです。「日本ではこういうもの」と押し付けるのもマナー違反。相手の文化を尊重して、静かに飲むのが配慮です。

★ 食事をごちそうになったとき

相手に自慢させる

目上の人は、味の感想よりも自分が選んだお店の自慢やエピソードを話したいものです。「いつからこのお店をご存知ですか？」「どうしてこんなにおいしいお店を見つけたのですか？」とプライドをくすぐって、欲求を満たしてあげましょう。

★ 食事中に会話するとき

相手の食べるスピードを見て会話する

POINT 口に食べ物を含んだまま話すのはマナー違反。ただ、それでは話しているときに食事を進められません。どちらかだけが話をして食べられないということがないように、相手の食べ方を観察して、交互に会話できるように話題を選びましょう。

★ 相手の冗談がつまらないとき

苦笑いを忘れない

POINT 冗談は、「その場を盛り上げたい」という気持ちから出るもの。その意図に従ってせめて苦笑くらいするのが気づかいというものです。無表情でいては、座を白けさせます。まして、冗談の意味を詮索するのは、野暮です。

★ 会食中に注意すること

中座は控える

POINT 食事の最中に誰かが席を外すと、会話の流れが変わったり、せっかく盛り上がった話がしぼんだりしてしまいます。会食の前にお手洗いは済ませ、行くとしても、メインディッシュのあとに。

第4章 和ませる 気くばり

★ 歓談中①

率先して料理を取り分ける

意外と二の足を踏むのが料理を取り分ける行為。率先して料理を取り分けてあげましょう。その際、周りに「好きなものありますか？」などと声をかけて、取り皿に分けて、回していきましょう。

★ 歓談中②

小物の手配をする

取り分け用の小皿、お箸やフォークをみんなに回すなど、細かいことを率先して行いましょう。店員にいろいろ声をかける役割も引き受けましょう。そうした役割をこなす人は、周りの人に信頼されるものです。

★ 歓談中③

整理を心がける

テーブルの上がきれいに整理されているか気をくばりましょう。食べ終わったお皿やグラスなどを片づけ、新しく運ばれてきた料理を置けるようになど、みんなが楽しく食事できるように気をつけましょう。

★ お会計①

途中で済ませる

割り勘ではなく、おごりの場合、金額が確定しているようなら、帰りに会計するのではなく、早めに支払いを済ませておきましょう。みんなが帰るときには、もう会計を終えているのがスマートです。

★ お会計②

割り勘はすぐに計算

スマートフォンの計算機能やアプリなどで、割り勘の金額をさっと計算しましょう。1円や10円単位まで細かく分けると時間がかかるので、端数は1人が受け持つようにします。レジそばに長居しないように配慮します。

★ 人にごちそうになるとき

一番高いものと一番安いものは頼まない

あまり高いものは相手の負担になります。かと言って安過ぎるものを頼むと、相手の財布を気にしているようで失礼です。難しいところではありますが、メニューを見て一番高いもの、安いものは頼まないようにしましょう。

タクシー

上座は運転席の後ろじゃ。これを知っておくと使えるぞ。

★ 複数でタクシーを探しているとき

「お先にどうぞ」と譲る

POINT　余裕があればですが、なかなかタクシーがつかまらない場合、1分1秒を争っていそうな人がそばにいたら「お先にどうぞ」と譲りましょう。

★ タクシーを呼ぶとき

アプリなどで配車してもらう

POINT　お迎え料(迎車料金)がかかりますが、タクシーがつかまらない、または時間がない場合は、タクシーを呼んだほうがスマートです。スマートフォンのアプリで呼べるサービスもあります。

★ タクシーの席順を決めるとき

上座は後ろの奥

 POINT
上座は後部座席のいちばん奥。後部座席に3人座るときは、窮屈な感じのする真ん中が末席です。助手席はさらに末席ですが場合によっては大柄な人を。高齢者や体の不自由な人、ロングドレスや着物の人は、乗り降りしやすい左側に。

★ タクシーに乗るとき

相手に奥に座りたいかを確認する

 POINT
上記の通り、原則は運転手の後ろが上座ですが、目上の方が先に降りる可能性もあるので、「奥に座られますか？」と確認して乗り込んでもらいましょう。

★ タクシーで話したくないとき

「考え事がある」などと伝えて静かにする

 POINT
タクシーの中で静かにしていたいときは「考え事がある」「調べものがある」などと言って、話したくない旨を伝えましょう。生返事をしたり、イライラしたりするよりも、お互いの配慮になります。

プレゼント・贈り物

相手のことを考える気くばりが、喜ばれる贈り物になるぞ。

★ 印象に残るプレゼントをしたいとき①

旅先で見つけたもの

POINT　訪れた土地で見つけたおいしい食べ物や飲み物を、普段お世話になっている人や親戚などに贈ってみましょう。温もりがあり、お返しを強要しない気楽さもあります。

★ 印象に残るプレゼントをしたいとき②

手書きのメッセージを添える

POINT　短いメッセージでも、わざわざ手書きしてくれたということに思いがおよび、嬉しくなります。字が下手だとしても丁寧に書けば気持ちは伝わります。

★ 贈り物を選ぶとき

相手のライフスタイルを考慮する

相手の好みはもちろんですが、相手の家族構成や家の広さなども考えながら、贈り物を考えてみましょう。何でも贈ればいいというものではありません。

★ 年配の方への贈るとき

体の負担にならない、軽いものにする

年配の人に重いものは厳禁です。せっかく持ってきたのに嫌がられたりもします。家に送ったとしても同じです。食べ物であれば、小分けにしたりなど、軽く運べるようにする工夫をしましょう。

★ 退職や転勤の贈り物をするとき

アレンジメントの花を贈る

退職や転勤などで花を贈る場合、花束も素敵ですが、相手は多方面からお花をいただくことがあり、自宅で飾るのも一苦労となりそうです。そこで、そのまま飾れるアレンジメントを贈ってみましょう。

第4章 和ませる 気くばり

145

お土産

いろいろな品物がある。選ぶセンスが大切じゃ。

★ 相手に合わせたお土産①

家族がいる人には、分けられるものを渡す

POINT　家族で住んでいる人には、みんなで分けられるものを贈る気づかいを。ケンカになってしまったらせっかくの贈り物の意味がありません。

★ 相手に合わせたお土産②

１人暮らしの人には、１人で食べきれる量のお土産を渡す

POINT　食べきれずに賞味期限が切れてしまったり、腐らせてしまったりすると、もらった相手も負い目を感じてしまうかもしれません。

★ 相手に合わせたお土産③

初対面の人や異性には「消えもの」を渡す

好みがわからない相手や、異性へ贈り物をするときは、食べ物や飲み物などの「消え物」を。その際、自分が食べたことがあったり、お気に入りであったりなど、一言説明できるものを選ぶのがベスト。ちゃんと選んだという印象を与えられます。

★ ありがたみが伝わる土産

宮内庁御用達の品を選ぶ

たとえば、近所で評判のおまんじゅうよりも、宮内庁御用達のおまんじゅうと言われると、ありがたみが増すはずです。全国各地の名産品など、宮内庁御用達の品は数多く、値段もそれほど高くないので、土産に迷ったら使ってみましょう。

★ 仕事場へのお土産

オフィスのお土産は個梱包のものを選ぶ

オフィスにいる人たちみんなに行き渡るように、それだけの数があるものを選びます。また、フロアに数日間置いておいても大丈夫なように、個別に梱包されたものにします。

第4章 和ませる 気くばり

147

★ ワンランク上のお土産

渡すときにストーリーを語れるものを

どこで手に入れたものか、手に入れた方法、お土産の素材にまつわること、自分が以前に食べたことがあるなど、そのお土産のストーリーを語ることができるものを選びましょう。しっかりと選んだという気持ちが伝わります。

★ ここぞというときのお土産

限定物の品物

〇個限定、先着〇名のみ販売の品、並ばないと手に入らない品など、その希少性だけで品物の価値が高まり、喜ばれるお土産になります。

★ 絶対に外さないお土産

誰もが知っている有名品

広島の〇〇、博多の〇〇など、誰もが知っているお土産品は、奇をてらったお土産を用意するより、確実に喜ばれる一品です。定番中の定番は、誰にでも長年喜ばれている証しです。

贈り物をいただく

ちゃんとお礼を伝えることが心くばり。
いただいたらすぐお礼じゃ。

★ プレゼントをいただくとき

とにかく謙虚に

POINT　プレゼントは、自分が本当に欲しいものではないこともあります。それでも相手の気持ちを思いやって気持ちよく受け取りましょう。プレゼントには物の価値だけではなく、贈る人の気持ちが込められているのです。

★ 贈り物をいただいたとき①

感想や実際に使用していることを伝える

POINT　食べ物であれば、「おつまみにちょうど良かった」とか、小物であれば「休日のリラックスタイムに使用している」などの一言を加えてお礼を言いましょう。感謝していることを具体的な言葉で伝えれば、相手も嬉しく感じるものです。

★ 贈り物をいただいたとき②

身に着けているところを見せる

アクセサリーなどをもらった場合は、次に会うときに身につけて心から喜んでいるとアピールしてみましょう。たとえ気に入ったものではなくても、使っているところを見せるのが気くばりです。

★ 贈り物をいただいたとき③

SNSで投稿する

直接お礼を言うだけでなく、SNSでも間接的にお礼を伝えると、相手にさらに喜んでもらえます。その際、「相手の名前を書かない」「話題の店や品であることを書かない」など、嫌みにならないように注意しましょう。

★ 贈り物をくれた人と共通の知人がいるとき

知人・友人に伝える

「〇〇さんから△△をもらった。すごい気に入っている!」ということを、友人、知人などに知らせましょう。それが巡り巡って送ってくれた相手の耳に届くことがあります。そんな第三者からの話は嬉しいものです。

第5章

相手を立てる気くばり

振る舞い

自分を謙虚にする心くばりで、相手をしっかり立てよう。

★ 謙虚な態度①

知らないことは素直に打ち明ける

POINT　知ったかぶりをしてしまうのは「認められたい」「好かれたい」と思う気持ちが根底にあるからです。その場しのぎがばれると、信頼を失うことも。素直に「知らない」と言って、教えてもらいましょう。

★ 謙虚な態度②

悪いことも素直に受け入れる

POINT　良いことだけではなく、悪いことも素直に受け入れる姿勢が重要です。謙虚な姿勢を心がけると、人を責めるよりも自分の誤りを探し、認めることができます。

★ 謙虚な態度③

常に「おかげさま」と思う

POINT　何事も自分1人の力では成し遂げられません。何かがうまくいってもラッキーなことがあっても、とにかく「おかげさま」という気持ちを忘れないようにしましょう。

★ 謙虚な態度④

見返りを求めない

POINT　気くばりは相手を思って行うものです。「こうしてあげたのだから」と見返りを求めた途端、気くばりではなくなります。

★ 謙虚な態度⑤

自分の話題は後回しにする

POINT　会話のときには、聞き役に回って相手の話に耳を傾けます。自分の話をするにしても手短に。3人以上で会話するときは、なるべく全員が話せるように気をくばりましょう。

第5章　相手を立てる　気くばり

★ 自分のことを話すとき

失敗談を話す

POINT
成功談はどうしても自慢話になってしまいがちです。会話が途切れたときや、雰囲気を和ませたいときは、失敗談を笑顔で話しましょう。笑いを誘うことで、話が盛り上がりやすくなります。

★ 人と会話をするとき①

でしゃばらない

POINT
「私は！　私は！」と自分の意見を強く言うのは、たとえ正しいことでも他人には不快なものです。周囲の様子を見ながら、同意を求めるような言い方で自分の意見を主張しましょう。

★ 人と会話をするとき②

人の悪口を言わない

POINT
人に対して思うことがあっても、自分の心の中に収めるようにしましょう。悪口は人を不快にするだけでなく、自分の印象を悪くすることにもなります。

★ 気持ちに余裕があるとき①

席を譲る、道を譲る

POINT　順番待ちや進みたい方向が人と重なることはたくさんあります。普段から自分のことばかり考えないで、周囲の人を見て、自分に余裕があれば譲りましょう。

★ 気持ちに余裕があるとき②

切羽詰まっている人に譲る

POINT　急いでいる人がいたらとくに意識的に、場所や道を譲りましょう。相手はそのときは余裕がなくても、あとできっと感謝してくれるはずです。

★ 気持ちに余裕があるとき③

譲り合いすぎないことに注意する

POINT　お互いに「どうぞどうぞ」とやり過ぎてどちらも動かないと、お互い相手に対して不快感を抱くこともあります。相手の好意に甘えたり、遠慮したりせずに行動することも時には大切です。

第5章　相手を立てる　気くばり

★ 気をつけたいクセ①

腕を組まない

腕を組んだままの会話は、話を聞いているつもりでも、相手を拒否している印象になります。尊大な感じにも見えてしまうので、気をつけましょう。

★ 気をつけたいクセ②

足を組まない

とくに初対面の人と会うときには足を組むことは避けましょう。偉そうな態度に見えます。テーブルの下で見えないと思っていても、案外相手は見ているものです。

★ パソコンを使うとき

キーボードは静かに打つ

強く打つと、結構音が響くパソコンのキーボード。周囲の集中の妨げになるので注意しましょう。ヘッドホンをしながらの作業ではとくに気をつけてください。

★ ビルなどのドアの前で

後ろに人がいないか気をくばる

 POINT　お店やビルのドアを開けて入るときなど、自分の後ろに人がいないか振り向いてみましょう。誰かが入ろうとしていたら、ドアを開けて待ってあげるとスマートです。また、逆に待ってもらったときはお礼を忘れずに。

★ ドアを閉めるとき

ゆっくり閉める

 POINT　ドアはバタンと音を立てて閉めずに、閉まる直前にいったん止めて、ゆっくりドアを閉めます。すると音を立てずにスッとドアは閉めることができます。これを習慣にしていると、いつでもドアをエレガントに閉められるようになります。

★ 人の前を通るとき

会釈する

 POINT　電車の中などで、人の前を通るときには軽く会釈をして横切るようにしましょう。空いている席に座るときも、両隣の人に会釈します。空いているのだからとドスンと座ってしまえば、周りの人も不快に思うものです。

第5章　相手を立てる　気くばり

教えてもらったら

知らないことを教えてもらったら、まずはお礼じゃ。そして即行動じゃ。

★ 目上の人から指摘されたとき

「勉強になりました」とお礼を言う

POINT　知識や情報を提供してもらったことに対してお礼を言える人は、実はそう多くはいません。だからこそ、きちんとお礼を言うことで、教えた方はまた教えたいという気持ちになります。

★ おいしいお店を教えてもらったとき①

「このお店今度来ていいですか？」と尋ねる

POINT　お店を教えてくれた人に、お料理が単に「おいしいです」と伝えてもいいですが、「今度このお店に来ていいですか？」と聞くほうが、相手に好印象を持ってもらえます。

★ おいしいお店を教えてもらったとき②

行く前に、教えてくれた人に連絡をする

POINT　お店を紹介してもらったら、そのお店に行く直前に「あのお店に行きます」と伝えて、あとで「行ってきました」と報告します。相手は実際に行ってくれたんだなと嬉しく思ってくれるはずです。

★ 本などを貸してもらったとき①

おすすめされたらすぐに借りる

POINT　本などをおすすめしてもらったら、その場ですぐ借りるなり、買うなりしましょう。インターネットでの即買いもいいです。即実行することで、自分の話をちゃんと聞いてくれるのだという信頼が生まれます。

★ 本などを貸してもらったとき②

結果を報告する

POINT　本を借りたら「おもしろかった」、ノートを借りたら「勉強に役立った」など、借りたことに対する結果を報告しましょう。ちゃんと使っているということを伝えないと、不信感を与えてしまいます。

第5章　相手を立てる　気くばり

お金のやりとり

お金の扱い方に気をつければ、きっと人間関係もよくなるぞ。

★ 伝票を取り合ったとき

素直に受け入れて次につなげる

POINT

「私が払います」「いや私が」「いやいや、こちらが……」というときに「おごるよ」と強く言われたら素直に従いましょう。そのあと、レジ前、店の出口でお礼をしましょう。翌朝にもメールかLINEでお礼をすることを忘れずに。

★ 少額のお金を借りたら

封筒に入れて返す

POINT

裸のお札を渡されるのは、何となく嫌なもの。凝ったデザインの封筒は処分しづらいので、白無地の封筒に入れて渡しましょう。そして付箋などにメモ書きで「ありがとう」と手書きで綴りましょう。

★ 目上の人にタクシー代を借りたとき

お釣りと領収書を一緒に返す

タクシー代を借りたら、「お釣りはとっておきなさい」と言われても、ちゃんと返しましょう。また、タクシー代は経費で落ちることが多いため、領収書を添えることを忘れずに。

★ おごってもらったとき

素直にお礼を言う

「おごるよ」と言われたら、恐縮しつつ、「ありがとうございます」と一言添えて、素直に甘えましょう。あまり遠慮しすぎると、かえって嫌な印象を与えてしまいます。

★ 飲み会での割り勘①

友人同士は割り勘が原則

友人間でおごったりすることがあると、おごられたほうには劣等感が生まれてしまいます。できるかぎり割り勘で気持ちよくすませるべきです。

★ 飲み会での割り勘②

飲めない人への配慮を忘れない

POINT　飲み会は原則割り勘ですが、お酒をたくさん飲む人とまったく飲まない人が同額では不公平になってしまいます。少しでいいので差をつけるようにしましょう。配慮してくれたということが好印象につながります。

★ 部下と飲むとき

上司のおごりであるべき

POINT　部下のほうから割り勘を提案すると、上司への印象が悪くなる可能性があります。上司が自腹を切るのには、部下を労う意図もあるからです。ただ、おごられることが何回も続くようであれば、「少し出しますよ」という気くばりをしてみましょう。

★ お金を扱うとき

基本的に両手で扱う

POINT　名刺を受け取るときと同様に、お金も両手で扱います。丁寧で上品な人という印象が残ります。

★ 支払いをスマートにするために①

財布の中にレシートをためない

POINT　レシートや領収書だらけの膨らんだ財布は、必要なものが埋もれてしまい、見た目もイマイチです。お金の管理が甘いと思われてしまいます。

★ 支払いをスマートにするために②

小銭を別に保管しておく

POINT　ちょっとした支払いやおつりをすぐ渡せるように、オフィスのデスクやリビングの引き出しなどに１００円玉や１０円玉を何枚か置いておくと便利です。

★ 支払いをスマートにするために③

ポイントカードなどを見直す

POINT　財布がポイントカードだらけで、使いたいカードがすぐに出せない様子はスマートでありませんし、ストレスがたまるものです。吟味して、必要なカードのみ財布に入れるようにしましょう。

第5章　相手を立てる 気くばり

目上の人を立てる

人生の先輩を敬う心配りは、他の場面でも大いに役に立つぞ。

★ 目上の人が現れたとき

目上の人がいることを周囲にアピールする

POINT 人間は「もてはやされたい」「認めてもらいたい」という欲求があります。「先生がいらした」と大きな声で言うと、主役が登場したという演出をしたことになり、その場の人々の目を集中させることができます。

★ 目上の人と食事をするとき

同じものを注文する

POINT 目上の人に先に注文してもらい、自分も同じものを選ぶようにします。先に注文することになった場合は、相手が選びそうなものを探り出して注文します。年長者を先にして、従うことで連帯意識を表せます。

★ ごちそうしてもらうとき

高価なものばかり注文しない

メニューを見ながら楽しそうに選んでいる姿を見れば、ごちそうしてくれる人もいい気持ちになります。好意に甘えつつも、相手の懐具合を考慮して注文しましょう。人のお金でも、自分のお金と同じように大切に思う心が必要です。

★ 目上の人を呼ぶとき

「〇〇さま」と呼ぶ

自分の会社の上司は「〇〇部長」と役職で呼びますが、社外の人は「〇〇さま」と「さま」をつけて呼びましょう。相手との関係にもよりますが、「〇〇さま」の方が、より丁寧な印象になります。

★ 目上の人と同じテーブルに座るとき

声をかけられたときに動きやすい所を選ぶ

目上の人に、咄嗟に声をかけられたときにしっかり対応できるように、なるべくそばにいるようにしましょう。物理的な距離の近さによって、心の距離も近づく効果があります。

第5章 相手を立てる 気くばり

165

★ 目上の人の話を聞くとき

頭を垂れる

目上の人の話を聞くときは、目線を下にして、頭を軽く垂れるようにして聞きましょう。ふんぞり返ったり腕を組んだりして話を聞くということは論外。これは悪い話のときだけではなく、ほめられるようなときも同じです。

★ 目上の人に話をするとき

姿勢に気をつける

話を聞くときと同様に、尊大な姿勢で話をしてはいけません。相手の目を見て話す、手を前に組む、足を揃えるなどという基本を忘れずに。話が長くなってくるとついつい姿勢を崩してしまうので要注意です。

★ 頻繁に関わりがあるとき

常に感謝する

頼まれたり、話しかけたりされたら、常に「ありがとうございます」と言いましょう。そのたびに言うのは面倒だったり忘れてしまったりするかもしれませんが、目上の人はそういうところを見ているものです。

相手を立てる

自分を謙虚にする心配りで、相手をしっかり立てよう。

★ 相手を立てたいとき①

相手の話にとにかく感嘆する

POINT　相手の話に驚いたり、感心したりすると、相手は気持ちよくなります。簡単なわりに効果の高い方法なので、いろいろな場面で試してみましょう。

★ 相手を立てたいとき②

相手の話に同調する

POINT　自分の意見に同意してくれる相手がいると人は安心します。反対の意見を言うときにも、一度同意してからであれば、すんなりと聞いてもらいやすくなります。

★ 相手を立てたいとき③

積極的に手伝いを申し出る

自分から手伝いをしようとすることは、相手が苦しんでいるときや、孤独なときなどにはとくに有効です。相手にとっての救いの神になることで、強い信頼感を持ってもらうことができます。

★ 相手を立てたいとき④

自分を一段下げる

自分を一段下げて謙虚に見せることで、相対的に相手を持ち上げることになります。これも相手を気持ちよくさせる気くばりです。

★ 相手を立てたいとき⑤

相手の趣味をほめる

人は誰しも熱中しているものをほめられると嬉しいものです。とくに趣味は話が盛り上がりやすいので、相手の趣味を知ったら必ず話題にしましょう。

★ 相手が人前で話すとき①

拍手する

POINT　意識的にパチパチと大きく拍手しましょう。要は盛り上げるのです。誰も拍手しなくても、まずは自分が口火を切って拍手しましょう。話が終わったら、同じように大きく拍手します。周囲もきっとつられて拍手します。

★ 相手が人前で話すとき②

声をかける

POINT　お酒の席などの楽しい場で、誰かがみんなの前で話す場合、登場を促され、声を発するその前に、「ヨッ！」「待ってました！」などと声をかけましょう。かしこまった雰囲気の場では、拍手のみにしておくのが無難です。

★ 相手の知人に会ったとき

すぐに挨拶をしない

POINT　誰かと一緒にいて、その人の知人に会った場合、初対面であればすぐに身をひいて、紹介してもらえるまで待ちます。誰かを紹介するということは、自尊心を満たすことにもなり、同伴者の気持ちをよくさせる効果があります。

第5章　相手を立てる　気くばり

★ 街中を移動するとき①

車道側、階段の下を歩く

誰かと一緒にいるときには、車道側、階段やエスカレーターの下の段を進むようにします。女性と一緒にいるときの男性のマナーとして扱われることが多い気くばりですが、相手にかかわらず気をつけましょう。

★ 街中を移動するとき②

相手より一歩下がる

相手を立てるためには、基本的に一歩下がってついて行くという姿勢が大切です。相手が男性で、自分が女性の場合は、それが自然にできるでしょう。外出の際は一歩下がって行動してみましょう。

★ みんなで会話をしているとき

相手の得意なことを話題にしてあげる

みんなで会話しているときに、立てたい相手の得意なことを話題にするようにしましょう。自分で言うと自慢げに聞こえてしまいますが、他の人が「この人はこういうことが得意だ」と言うことで、嫌味なく聞こえます。

★ 相手をほめるとき

外でほめる

POINT　どうせほめるなら、相手と2人のときだけではなく、他に人がいるところでほめてあげましょう。相手の自尊心をより強く満たすことができますし、こちらに対する感謝の気持ももってもらうことができます。

★ 協力して仕事をしたとき

おいしいところを譲る

POINT　何かの仕事で結果を出したときなどは、面倒な部分はこちらが手配して、目立つ部分は先輩や同僚に譲るようにしましょう。損するようにも思えますが、強く感謝してもらえることになり、長い目でみれば自分のためになります。

★ 相手がみんなの前で困っているとき

さりげなくフォローする

POINT　プレゼンなどで、誰かがうまく話せなかったり、資料を出せなかったりしているときには、さりげなくフォローしましょう。うまくプレゼンが終われば、きっと感謝されます。できれば人知れずフォローしたいところです。

第5章　相手を立てる　気くばり

おわりに

　気くばりとは、おもてなしの気持ちだと、最初にお伝えしました。相手を思うこと、相手や周囲に対して自分ができることはなんだろうと、日々思いながら過ごしていると、自然とできることがでてくるのです。

　そしてそれは、相手にとっても喜ばれます。相手に喜ばれると自分も嬉しいですよね。そうしていると喜び、幸せがどんどん増えていくのです。

　気くばりは幸せを増やすのです。
「大人の気くばり」はそれも自然にさりげなくできるものです。それが、本書を読んでいただき具体的にどういうことかご理解いただけたのではないかと思います。テクニックとして400以上を紹介しましたが、どれも簡単にできるものだと思います。誰でもすぐできることを中心に紹介しました。

　ご主人や奥様、お子さんに対して、またお父さん、お母さん、おじいちゃん、おばあちゃんといったご家族へ、そして職場の上司、先輩、後輩、同僚、取引先、お客様などなどみなさんに、さり気ないちょっとした「大人の気くばり」を試してみてください。このほん少しの手間を実践していただき、

その効果をご自身で確かめてみてください。それで相手が喜び、自分も幸せになります。

　最後までお読みいただきありがとうございました。

鈴木美貴

鈴木美貴
（すずき・みき）

東京都出身。大学卒業後、大手証券会社に入社。5年ほどの秘書室勤務を経て人事部へ異動。採用・人材育成業務に携わる。その後セミナー講師として独立。ビジネスの場で役立つマナーを教える。時代に合わせたわかりやすい講義には定評がある。結婚・出産を機に一時休業中。本書が初めての著書となる。

たったひと手間で心からよろこばれる
大人の気くばり事典
2018年12月19日　初版発行

著　者	鈴木　美貴
発行者	野村　直克
発行所	総合法令出版株式会社
	〒103-0001
	東京都中央区日本橋小伝馬町15-18
	ユニゾ小伝馬町ビル9階
	電話　03-5623-5121
印刷・製本	中央精版印刷株式会社

ⓒ Miki Suzuki 2018 Printed in Japan　ISBN978-4-86280-655-0
落丁・乱丁本はお取替えいたします。
総合法令出版ホームページ　http://www.horei.com/

本書の表紙、写真、イラスト、本文はすべて著作権法で保護されています。
著作権法で定められた例外を除き、これらを許諾なしに複写、コピー、印刷物
やインターネットのWebサイト、メール等に転載することは違法となります。

視覚障害その他の理由で活字のままでこの本を利用出来ない人のために、営利
を目的とする場合を除き「録音図書」「点字図書」「拡大図書」等の製作をする
ことを認めます。その際は著作権者、または、出版社までご連絡ください。

好評既刊

たった一言で印象が変わる！
モノの言い方事典

佐藤幸一 著　定価 900 円 + 税

できる人は、たった一言でチャンスをつかむ！
基本の敬語から、依頼・謝罪・雑談・電話・メールなどビジネスシーンに対応した、スマートな言い方を徹底紹介。
ふだんの会話からメールで使える表現まで、状況に合ったフレーズをまる覚えするだけで、実践ですぐに使えます。